3日もあれば海外旅行

吉田友和

JN283871

光文社新書

はじめに

日本人は、よくも悪くも働きすぎだと思う。

いきなり何を言い出すんだ、と思われる方もいるだろうが、まずは本音を書かせてもらうことから始めたい。

世界各国の有給休暇の取得状況を調査した各種データを見ると、日本は常に1位の座に輝いている。「輝いている」などと書くとさも素敵なことと誤解されそうなところだが、言うまでもなくワーストワンという意味での1位である。

旅行予約サイト「エクスペディア」が実施した最新の調査によると、日本人の有給休暇の消化率は45パーセントで、世界一低い。なんと5割を切っているのだ。2位の韓国でさえ70パーセントの消化率であることに鑑みると、勝負にならないレベルでダントツの1位である。

翻ってヨーロッパ先進国フランスやスペインの消化率を見てみると、見事に100パーセントという数字を記録している。しかもヨーロッパ諸国においては、そもそも有給休暇の平均支給日数が30日もある。ちなみに日本はたったの11日。ただでさえ休みが少ないことに加え、数少ない有給休暇すら半分も消化できていないのが我が国の現状なのだ。

これを日本人は働き者なのだと好意的に捉えるのは勝手だが、客観的に見て、世界の中でも特異な労働環境にあるのは紛れもない事実であろう。

別に働きたくないわけではない。余所《よそ》の国を羨《うらや》ましがりぶつぶつ文句を言い連ねても意味がないことも理解している。でも……なんだか釈然としないのだ。

仮にヨーロッパ並みに休暇が取れるとしたら、夢は一気に広がる。自分の好きなことに思う存分打ち込めるはずだ。僕の場合は、めいっぱい旅をしたい。無理は承知のうえだし、夢物語だとしても、妄想だけはどんどん膨らんでいく。


簡単に自己紹介をさせていただくと、僕の初めての海外旅行は世界一周旅行だった。かれこれもう10年も前の話だ。６０７日間に及ぶその長い旅に出るために、僕は勤めていた会社を辞めた。辞めざるを得なかった。

それなりにまとまった期間にわたって旅するためには、仕事をリセットしなければならないという世知辛い事情が横たわる。旅をとるか、仕事をとるか。個人差はあれ、旅を志す者

図1　世界各国の有給休暇の取得日数と消化率（エクスペディア調べ）

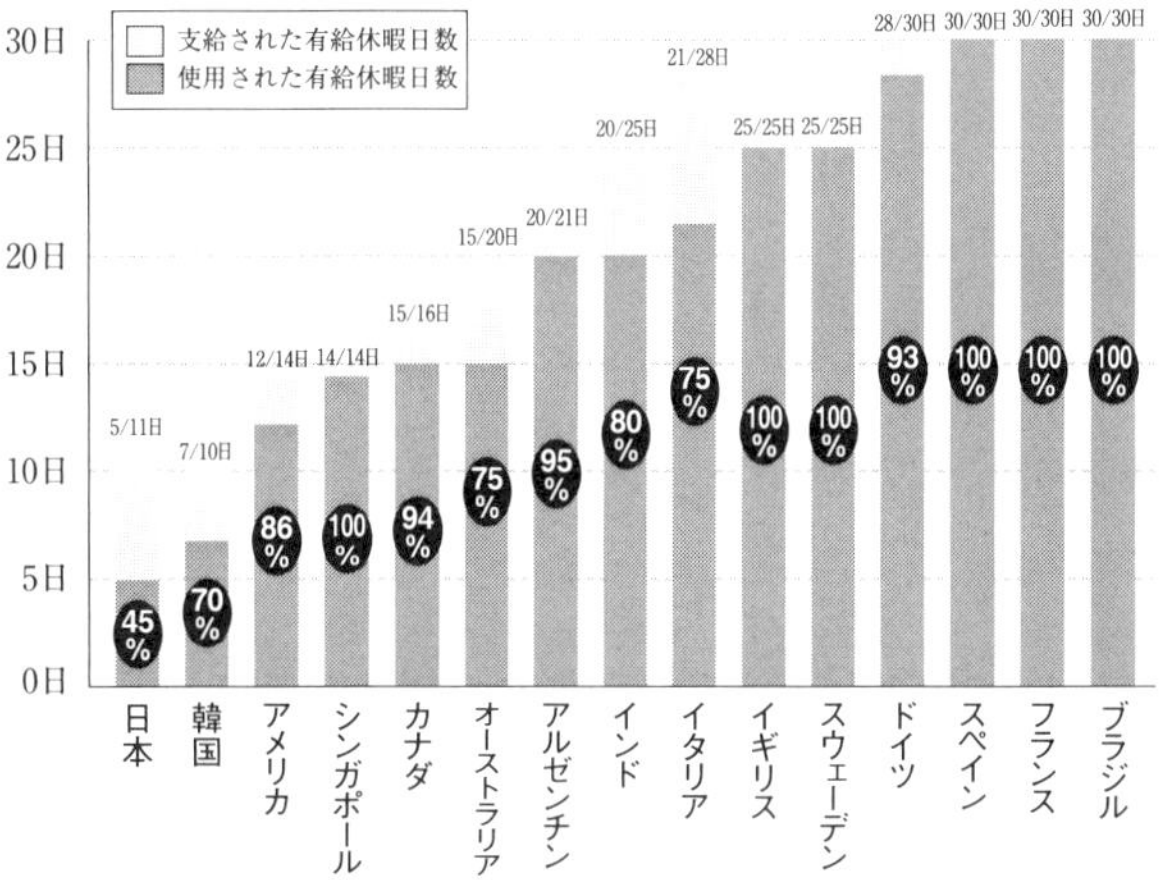

にとって避けては通れない人生の選択を迫られることになる。

日本社会では、一度レールから外れた人間が社会復帰するのは決してやさしくはない。まともな思考を持つ者なら、旅のために仕事を辞めるなんて発想は端《はな》から存在しないかもしれない。けれど、どうしても旅をあきらめられない者は、仕事を辞めてでも旅立とうとする。

これが仮に、年間30日の有給休暇が認められるとしたら、どうだろうか。それだけあれば、きっと満足のいく旅が実現できる。世界一周だって夢ではない。

とはいえ、考え方次第である。泣き言ばかり言っていても始まらないのだ。

休める日数が限られるのは、もうそういうルールなのだと割り切ってみる。定められた休みをやりくりし、ルール内で最上の旅を模索してみる。前向きに頭を切り換えるのだ。すると、現実から乖離《かいり》しない中での理想的な旅の形が見えてくる。

たとえば、「週末海外」という旅のスタイルがある。土日や連休を最大限利用し、ときにはそれに有給休暇を加えると、海外旅行は短期でも十分に可能なのだ。

長旅に慣れ親しんでしまった僕は、当初は短期での旅には抵抗を感じていた。本当に楽しめるのだろうか、慌ただしくて疲れるのではないだろうか。そんなネガティブな想像ばかりしていた。しかし結論から言うと、それらは杞憂に終わった。

どんなに短くとも、旅であることに変わりはない。スケジュールは多少ハードになるものの、機内でじっくり疲れをとるなど、講じられる対策はたくさんある。期間が短いぶん、集中的に予算を投じられもする。限られた滞在時間を無駄にしたくないがゆえに、貪欲に旅と向き合うことで、結果的に密度の濃い旅になる。

やはり気の持ちようなのである。旅は長ければよいものでもない。実際にやってみて、少なくとも僕は旅に対する見方が変わった。

日々時間に追われ、社会のしがらみに翻弄されている中で束《つか》の間《ま》味わう旅だからこそ、そのありがたみは筆舌に尽くしがたいものとなる。異国の地に身を置いてみると、張り詰めていたものが霧散していく。旅が清涼剤のような役割を果たしてくれる。

旅があるから、頑張れる。

ところで海外個人旅行というと、いわゆるバックパッカーと呼ばれる旅人を想像しがちだ。大きなバックパックを背負い、限りある資金を節約しながら、少しでも長く旅をする若者たち――そんなイメージが付きまとうが、そういったステレオタイプの旅行者像だけで語れる時代でもなくなりつつある。

あてどもなくお金が尽きるまで放浪する旅というよりは、何かしら目的を持った旅を志す人が増えているように思えてならないのだ。人生をリセットせずとも、貴重な休みをフル活用して旅を心ゆくまで楽しむ。安宿ではなく高級ホテルを泊まり歩きながらも、食事は屋台で……なんて旅の形があってもよいはずだ。

僕が10年前に最初の旅に出かけた頃と比べると、旅を取り巻く環境は激変した。

インターネットが普及し、情報が容易に手に入るようになったことで、旅は確実に便利になっている。航空券やホテルの予約はオンラインで簡単に行えるし、旅人どうしのインターネットを介してのコミュニケーションも活発になった。近年では、スマートフォンなどツールの進化もさらに加速している。

また、かつては途上国だった国々が目覚ましい経済発展を遂《と》げ、ビザが次々と撤廃され、格段に訪問しやすくなってもいる。ＬＣＣのような気軽な交通手段が整備されたことも大きい。変わりゆく世界の流れに呼応するようにして、旅のスタイルは多様化し、旅人も一くくりにはできなくなっているというわけだ。

「フラッシュパッカー」という言葉をご存じだろうか。近年耳にするようになった言葉で、ざっくり説明すると、バックパッカーのような自由旅行をしながらも極端な節約はせずに、使うべき局面ではそれなりにお金を使う旅人のことをいう。

そして、ＰＣやスマホ、デジタル一眼レフといった最新のハイテク機器を積極的に旅先へ持っていくような、現代的な旅のスタイルをも指す。要するに、それなりに快適さや効率を求めるような旅である。新世代のバックパッカーとでも言えるだろうか。確かに旅をしていて、そういったスタイルの旅人を見かける機会が以前より増えた。

例を挙げるなら、航空会社の上級会員やビジネスクラス以上の乗客だけが入れる空港ラウンジへ行くと、見るからにバックパッカー風の旅人がＭａｃのキーボードをパチパチ叩いていたりする。海外のゲストハウスのサイトなどで、「フラッシュパッカーのためにＷｉ－Ｆｉ完備！」という記述を見かけたこともある。

効率化を求める旅は、時間をお金で買う行為と捉えられなくもない。しかし、意欲的に情報収集に励み、知恵を絞り、旅のスタイルをアップデートしていくのは決して悪いことではないだろう。ダラダラ旅するのもいいけれど、高い意識を持ちつつメリハリをつけた旅を目指すのも一つの形だ。

ちなみに、いわゆる従来型の貧乏旅行は「バジェットパッカー」などと呼び、区別する人もいるようだが、ともにバックパッカーの派生形の一つと考えるとシンプルで分かりやすい。いずれにしろ、言葉自体は別に意味を持たない。重要なのは、繰り返しになるが、旅のスタイルが多様化してきているということ。

流行《はや》りに迎合する必要はないものの、頑《かたく》なに旧態依然とした旅のやり方にとらわれるのも意固地だと思う。年齢を重ね、旅を繰り返すうちに、旅のスタイルが変わっていくほうがむしろ自然に思えるのだ。大人の旅、そして現代らしい旅の形とはどんなものなのか——。

本書ではその辺のことも考えていきたい。

僕の部屋の壁には大きな世界地図が貼ってある。精神が摩耗してくると、おずおずと視線を送り、旅の空に想いを巡らせる。

あそこはよかったな――。

次はどこへ行こうかな――。

夢はどこまでも広がり続け、とどまるところを知らない。妄想だけで終わらせたくなくなると、タイミングを見計らい、旅を現実のものにしようと試みる。綿密に計画を立て、旅立ちの日を迎えたときには、顔が自然とほころんでくる。「飛行機が滑走路を離れる瞬間は、思わずガッツポーズを決めたくなるほどの高揚感に包まれる。

そうして旅を終え帰ってくると、すぐにまた次の旅へと恋い焦がれる日々が再開する。我慢できなくなってまた旅を企む……もう何年にもわたって飽きもせずに続けてきた。

本書は、そんな旅の中で試行錯誤を繰り返し、僕なりに辿り着いた、旅を楽しむためのノウハウのようなものを余すことなくまとめた一冊である。分かりやすい言葉を使うなら「旅行術」とでも呼べる内容ではあるが、上から目線でこうしなさい、ああしなさいと説教じみたことを言うつもりは毛頭ない。

旅行業界のスペシャリストなどではないし、ジャーナリストを気取りたいとも思わない。

すべては一人の旅好きの戯言《ざれごと》である。だからこそ、誰かに阿《おもね》るわけでもなく、現場目線を貫いて正直に綴っていきたい。

旅が好きで好きでたまらないという人はもちろん、興味はあるけれど忙しいからとあきらめ気味の人まで、未来の旅仲間たちに捧げたい。

3日もあれば海外旅行――目次

本文・帯写真／吉田友和
図版作成／デマンド

3日もあれば海外旅行

吉田友和

マレーシア

韓国

ベトナム

タイ

マレーシア

ベトナム

ベトナム

序章　時間やお金がなくてもあきらめない

「時間がない」は理由にならない

海外旅行に行かない人にその理由を尋ねると、「時間がない」もしくは「お金がない」という答えが返ってくることが多い。かなり多い。そもそも興味自体ない人はともかく、多少なりとも行きたい願望がある人にとって、「時間」と「お金」の2つが最大の障害になっていることは疑いようがない事実だろう。

けれど、本当に「時間」や「お金」が海外旅行に行かない理由になり得るのだろうか。僕はまずここに、一つの誤解があるのではないかと睨《にら》んでいる。本章では、順を追ってそれらの理由に対する反論材料を並べていきたい。

まずは「時間」についてだが、要するに、時間がなくても海外旅行は可能だと僕自身は思っている。かれこれもう何年も前からずっとそう声高に叫び続けてきたのだが、ここ最近になって急速に追い風が吹き始めた。

興味深いデータがあるので紹介しよう。羽田空港近県在住の会社員に、羽田空港発の国際便や仕事帰りに出発する夜発便を利用した週末海外旅行に行ってみたいか尋ねたものだ。「行ってみたい」という回答が42パーセント、「やや行ってみたい」が38パーセントとなり、行ってみたいと回答した人は合計で80パーセントとなったそうだ。羽田空港に新しい国際線ターミナルが開業したことを受けての調査である（市場調査会社マクロミル調べ）。

従来の成田空港に比べ、都心から近いことが羽田空港の最大のウリとされるが、加えて24時間空港である点が重要だ。羽田空港を発着する国際線のフライトスケジュールに着目してみると、そのことがよく分かる。

出発便が、とくに夜22時以降に集中している。行き先はホノルル、シンガポール、クアラルンプール、サンフランシスコ、ロサンゼルス、バンコク、パリ、ロンドンなどだ。日中は韓国や中国といった東アジア地域が中心だが、中距離、長距離となると多くは夜便になる。

どういうことかというと、仕事帰りに空港に直行して海外旅行へ出かけるというスタイルが、より身近になったことを意味する。これは相当に画期的だった。成田時代には不可能だった旅が可能になったのだ。

日本を夜に出発する便としては、これまでも関西空港発に一部存在した。首都圏在住者でも、国内線でわざわざ羽田から関空を経由して仕事帰りに出国する強者《つわもの》もいたが、羽田という選択肢が生まれたことで、もはやその必要もなくなった。

では、夜便を利用すると、どんな旅ができるのか。

金曜日、普段通り仕事を終え、その足で空港へ向かう。日付が変わる頃に日本を出発して機内泊。行き先にもよるが、有利なのは東南アジアだ。飛行時間は長くても7時間程度で、一眠りするのにちょうどよい。時差が2時間程度なので、到着するのは早朝となる。到着後は土日をまるまる現地で過ごし、日曜深夜出発の帰国便に乗ると、羽田には月曜早朝に戻ってこられる。そのまま空港から何食わぬ顔で職場へ向かえば、1日も仕事を休まずに週末だけで海外旅行が楽しめるというわけだ。

もちろん、これは極端な例ではある。職場から直行直帰で、機内2泊となるので、それなりにハードなのも確かだ。だから実際には、各自の状況に合わせて休みを1日、2日取り、余裕を持たせて出かける人のほうが多いかもしれない。

ここで大事なのは、週末だけでも海外旅行が可能という事実だ。仕事が忙しかったり、職場の雰囲気的に休みを取りづらい人でも、よっぽどの場合を除き、土日くらいは休みを確保できるだろう。「時間がない」は理由にはならないのだ。

短期化する日本人の海外旅行

前述の調査結果で、もう一つ気になるデータがあった。

希望する旅行日数を尋ねたところ、「6〜7日間」が37パーセントで最多、次いで「8〜14日間」が30パーセントと、1〜2週間を希望する人が67パーセントとなったのに対し、現実的な期間を尋ねると「4〜5日間」が51パーセントで最多だったのだそうだ。理想と現実にはギャップがあるというわけだ。ヨーロッパのように何週間ものバカンスを取る習慣のない、忙《せわ》しない日本社会の実情が垣間見えるデータと言える。

せっかく海外まで行くのなら、少しでも長く滞在したいと考えるのは自然だ。僕自身もまったく同じ気持ちで、欲を言えば毎年1カ月くらい旅ができればと願っている。

けれど、現実にはそうはいかない。1カ月も仕事を休むなんて、日本で真っ当な社会人をしている者にとっては夢のまた夢だろう。

長期旅行が難しいのであれば、実現可能な範囲で旅をすればいい。4〜5日間しか確保できないのなら、その4〜5日間の旅をいかに充実させるかに注力する。4〜5日すら確保できないとしても、週末だけで旅をしたっていい。

実際、旅を取り巻く世の中の動きは、徐々に短期化の方向に流れ始めている。

旅のクチコミサイト「フォートラベル」が実施したアンケート結果からも、そのことの片鱗がうかがえる。羽田から行ける海外17都市から、行ってみたい旅先を選択するというもので、1位ソウル、2位台北、3位パリ、4位ニューヨーク、5位シンガポール、6位ホノルル、7位香港、8位バンコク、9位ロサンゼルス、10位クアラルンプールとの結果になっている。なんと、10位中6つがアジアの都市である。

「安近短」という使い古された業界用語がある。安くて近くて短い旅行――。アジアはまさに安近短な旅先に該当するのだが、羽田空港国際化以降、安さや近さだけでなく「短い」という点が、これまで以上にフォーカスされているように感じる。

「ツアーオブザイヤー」という、国土交通省や観光庁が主体となったアワードをご存じだろうか。概要は、「旅行業における企画力およびマーケティング力の向上、『観光立国』の施策に寄与することを目的に、海外、国内・訪日旅行で最も優れた企画旅行（募集型・受注型）

に対して表彰を行う」というものだ（現在はツアーグランプリに名称変更）。

このアワードにおいて、２０１１年度に最優秀賞となる国土交通大臣賞を受賞したのは、日本旅行の「女性プロジェクトチームが企画！　週末トラベラー」というパッケージツアーだった。海外旅行部門「市場拡大貢献部門グランプリ」にも輝いたのだが、現在の海外旅行事情の一面を物語っている受賞だと感じた。

週末トラベラーの内容を見てみると、お決まりの韓国や台湾だけでなく、東南アジア地域や、さらにはインド、スリランカなどの週末ツアーまで用意されていた。

欧米は扱っていなかったが、それはむしろ潔いと言える。無理をすれば不可能ではないが、週末だけでヨーロッパまで行くとなると、ほとんど移動で終わってしまう。それなりに現地滞在が楽しめる現実路線をとり、手堅くツアー化したのだろう。

実はほんの数年前までは、週末海外を謳《うた》ったパッケージツアー自体が珍しかった。羽田ほどの利便性はないとはいえ、成田発着しかなかった頃でも、作ろうと思えば週末ツアーを組めたはずなのだが、まともなツアーはまず見かけなかったのだ。どうしても週末で旅をしたい人は、航空券やホテルを各自で手配して個人旅行の形をとるのが定石だった。

ところが、いまではさまざまな旅行会社が週末ツアーを販売している。海外旅行検索・比較サイト「エイビーロード」で、旅行日数3〜4日で検索してみると、多種多様なツアーが見つかる。アジアだけでなく、北米やヨーロッパ、オセアニアにまで足を延ばせる短期ツアーが目白押しだ。

状況が変わった背景には羽田国際化の影響も大きいだろうが、それだけではないと思う。現に、羽田国際化以前にはなかった成田出発の週末ツアーも散見されるようになったのだ。旅行者の新たなニーズに旅行会社が気づいたのだと推測されるが、休みの少ない日本社会の現状に鑑みれば、潜在需要は元々かなりあったはずだ。それに加えて、羽田国際化が一つの大きなきっかけになったのかもしれない。

善し悪しはともかく、日本人の海外旅行が短期化しつつあるのは間違いなさそうだ。

「お金がない」も理由にならない

海外旅行に行かないもう一つの大きな理由——「お金」について考えてみよう。

言うまでもないが、先立つものがなければ旅なんてできない。金欠を理由にして旅に尻込みしてしまう人の気持ちは理解できる。けれど「お金がない」も、説得力のある「行かない理由」にはなり得ないと僕は思うのだ。

社会人なら、無職の人を除けばたいてい何かしらの収入はあるだろう。多寡はあれど、お金がまったくないという人はまれだ。つまり、ここで議論したい「お金がない」は、「旅行に費やすお金がない」という意味である。

誰しも趣味は持っている。たとえば音楽、映画、ゲーム、写真、スポーツ、習い事、カラオケなど何でもいいが、それら趣味のために可処分所得の一部を出費しているわけだ。無趣味の人であっても、飲み会の費用など、暮らしに最低限必要なこと以外にも、意外とお金は出ていく。

旅行だって同じではないだろうか。少なくとも僕は、それらと同列の扱いで旅を捉えている。星の数ほどある趣味の選択肢の一つにすぎないわけだ。

何が言いたいかというと、ほかの趣味にお金を使うせいで「旅行に費やすお金がない」人が、とても多い気がするのだ。要するに、お金の使い道が異なるだけである。

だったら、ほかの趣味や娯楽を我慢して、そのぶんを旅の資金に充《あ》てればいい。それができない人は、そもそも旅の優先順位が低いわけだ。頻繁に旅に出かけていると誤解を受けやすいが、旅を最優先にして生きている人ほど日常生活は質素だったりもする。

入ってくるお金を増やすよりも、出て行くお金を減らすほうが難易度は低い。どうしても旅に行きたいなら、その資金を貯める努力から始めたい。

安く旅できる時期を選ぶ

何をいまさらという感じの、当たり前の話をつらつら述べてしまったが、さらにこの問題の解決策を模索してみたい。結論から先に言うと、低予算であっても、工夫次第で旅は可能だ。お金がまったくないと旅はできないが、旅にかかる費用を少なくすることはできる。

そう、大切なのは工夫である。安く旅するノウハウは実際に存在するのだ。

旅ほど、かかる費用の金額が曖昧《あいまい》なものはない。普通の商品であれば、ある程度の相場は必ず存在する。しかし、旅行の代金は限りなく不透明だ。同じ内容のツアーであっても、予約手段や時期によって大きく変動する。完璧に同じ旅行をしたとしても、人によって費やす金額にどうしても差が生じてしまう。

人によって大きな金額差があるということは、すなわち自分と同じような旅をもっと安く実現できている人がいることと同義だ。ならば、安く旅行している側を目指せばいい。

では、どうやって目指せばよいか。本書でもおいおい紹介していくが、まずは比較的簡単にできることを紹介しよう。それは、時期である。

時期といっても2つある。旅行時期と予約時期の2つだ。

旅行代金が安くなる時期は、例年決まっている。狙い目となるのは、長期休暇の直後だ。年末年始後の1～2月頃、ゴールデンウィーク明けの5～6月頃、夏休み明けの10～11月頃である。僕の経験上、それらの時期を狙うと、けっこうお得に旅できる。

とくに1～2月頃は、消費者としては大変おいしい時期である。厳しい寒さの到来と歩調を合わせる形で、旅行需要も一気に冷え込む。旅行会社や航空会社がこぞって運賃の値下げやキャンペーンを実施するので、見逃さずにチェックしておきたい。

決算前なのもあり、普段はお目にかかれないような超激安商品が登場するのは、自動車などほかの業界と同様だ。ついでに言えば、海外旅行に限らず国内旅行も閑散期となる。温泉地を除けば基本的に行楽客は少なくなり、道路も驚くほど空いている。寒いと出かけるのが億劫《おっくう》になりがちだが、それを逆手に取ろうというわけだ。

この時期の旅先としては、オススメは南国だ。東南アジアの多くは乾季で、雨が少なく真夏日が続く。日本が真冬の時期に半袖短パンで過ごせるなんて、それだけでなんだか得した気分に浸《ひた》れるのだ。気温差にしびれること請け合いである。

また、中国の旧正月もこの時期なので、中華圏の旅も華やかで楽しい。本家中国に限らず、香港や台湾、シンガポール、マレーシア、タイなど、アジア全体に中華文化は広がっている。

ヨーロッパに関しても、夏より航空券代がグッと下がる。安く行けるのはうれしいが、本音を言えば多少高くても、やはりヨーロッパは夏に行きたい。スペインやイタリアなどの南欧は比較的過ごしやすいが、日照時間が短く、日本よりも寒さが厳しい冬のヨーロッパは、初心者には積極的に勧めにくいのが正直なところだ。行き慣れた人であればあえて冬のヨーロッパを体験するのもいいだろう。

ハイシーズンの旅をいつ予約するか

次に予約時期だが、旅に関しては、早く予約したほうが安くなる。よく言われる話だが、総論としてこれは事実である。旅を決めたら1日でも早く行動を起こしたい。

中でもハイシーズンの旅行は、予約時期が勝敗を大きく左右する。ただでさえ旅行代金が高騰する時期だからこそ、旅費を節約できる余地も大きくなるのだ。

我が家では例年、年末年始はどこかへ出かけており、たとえば2011年の暮れだとタイとバングラデシュだった。その際、航空券をいつ頃予約していたか——。

当時のメールを確認してみた。5月だった。半年以上も前から予約を入れていたのだ。

２０１１年は、後半になるにつれて燃油サーチャージの金額が上昇していった。５月の時点ではまだそれほど高くはなかったから、結果的にだいぶ節約できたと我ながら回想する。また、ハイシーズンはとにかく座席の熾烈《しれつ》な奪い合いになるのだが、５月の時点ではさすがにまだ空席だらけで、いい日程で座席を押さえることができた。

５月はさすがに早すぎるかもしれないが、ハイシーズンの旅行を予約する時期にも目安があるので、紹介しておきたい。

年末年始であればズバリ7月、ゴールデンウィークなら1月だ。

実は航空会社の運賃は、半年単位で更新されるのが通常だ。更新時期は4月と10月である。そして運賃が発表されるタイミングが4月の更新だと1月頃、10月の更新だと7月頃なのだ。つまり、発表されてすぐに予約を入れれば、希望の日程で座席が取りやすくなるというわけだ（ＡＮＡとＪＡＬは1年単位で4月に更新）。

空席の有無だけではなく、早く予約すると料金的なメリットも大きい。ＡＮＡやＪＡＬでは数年前から、空席状況によって運賃が変動する仕組みに変わっている。座席が埋まってくるにつれて料金が上がるシステムなのだ。それも、ハイシーズンだと数万円単位で変動するので油断ならない。同じ日程の同じ便であっても、早く予約した者ほど得をする結果となるのだ。

バンコク往復2012円

1～2月頃は格安の旅行商品が多いことは先に触れたが、2012年の例を一つ紹介すると、HISの初売りセールがとびきり目を引いた。2012年にちなんで2012円の商品を多数用意し、テレビCMなどもひっきりなしに流していたから、記憶に新しい人も少なくないだろう。

中でも目玉と言えたのは、バンコク往復2012円の航空券だ。空港税や燃油サーチャージが加わるので実際にはもう少し値段が上がるが、それでも通常では考えられない安さである。HISが自らチャーターした、ジェット・アジア・エアウェイズというタイの航空会社の便を利用するのが特徴で、他社よりも元々の設定料金が安い。もちろん直行便だ。

うがった見方をすれば、この手の激安商品は客寄せのためのものだろうし、本当に買えるかどうか半信半疑だった。オンライン予約限定、先着400名限定らしい。まず無理だろうなあと、冷やかし半分で僕も予約を試みた。

案の定、予約開始と同時にサイトへのアクセスが殺到した。サーバーが落ちたのか、クリックしてもエラー画面になったりして、明らかにサイトが重い。

すっかり落胆し、あきらめかけたのだが――、なんと買えてしまったのである。税金などの諸費用すべて込みで、６３８２円。日曜帰国便にしたら２０００円の追加料金がかかり、８３８２円になったのはやや納得がいかないが、それでも計１万円以下でバンコクを往復できるなんて夢のようである。正月から１年ぶんの幸運を使い果たしてしまったような喜びに見舞われた。

種明かしをすると、実はちょっとした裏技を駆使していた。ＰＣ以外の端末からアクセスする方法だ。

ＰＣからだと埒《らち》が明かなかったのが、スマートフォンから開いてみると、やはり重くはあったがかろうじてサイトにつながった。画面を一つ切り替えるのに、だいたい２～３分はかかっただろうか。昼の12時に予約が始まったのだが、12時半頃には無事購入まで完了した。

せっかくとびきり安い航空券が手に入ったので、ホテルも安めのところを別途予約した。２泊４日の旅だったが、１泊約２０００円で２泊で４０００円。全部トータルしても、１万円ちょっとである。これはラッキーな例かもしれないが、その程度のお金で海外旅行に行けることを身をもって証明できたと言えるだろうか。

国産ＬＣＣで旅のデフレ化が加速する

一方で、労せずとも安く海外旅行へ行ける可能性がいよいよ現実味を帯びてきた。旅のデフレ化が一気に進みそうな気配が漂ってきたのだ。

立役者となりそうなのは、ＬＣＣだ。

ＬＣＣとは「Low Cost Carrier」の略で、格安航空会社のこと。欧州や東南アジアでは長い歴史を持ち、すでに市民権を得ている。たとえばロンドン―パリ間なら30ユーロ程度で利用できる。

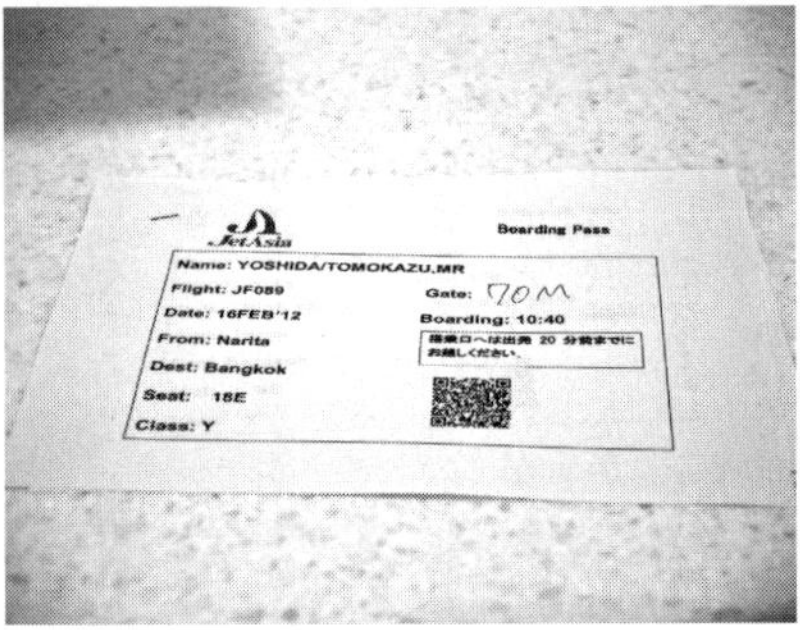

2,012円の激安航空券で利用した、ジェット・アジア・エアウェイズの搭乗券。プリンターで印刷したペラ１枚だった

僕がＬＣＣを初めて知ったのは、10年前に世界一周したときのことだ。ヨーロッパを旅していると、あちこちでＬＣＣの広告を目にした。キャンペーン価格とはいえ、１ユーロなんていう破格の運賃も常態化しており、路線バスの感覚で手軽に利用できるのは大いに魅力的だった。

ところが我が日本では、ＬＣＣはなかなか根付かないでいた。世界基準からすると厳しく時代錯誤の規制のせいで、10年も遅れをとってしまった。これまでも幾度となくメディアで紹介され、来る来ると言われながらも結局肩すかしを食らう形になっていた。けれど、今度こそ本当にLCC元年が到来した気配なのだ。

ここ数年で日本にもLCCが続々と就航を果たしていた。セブ・パシフィック航空、ジェットスター航空、エアアジアX、春秋航空、エアプサン、イースター航空などだ。ただし、外資系で一般的には「よく分からない」航空会社だということもあり、それなりに旅慣れている人以外には、当初期待されたよりも浸透していない印象は否めなかった。

風向きが変わったのは、ANAやJALがLCCへの参入を決めたことが背景にある。重い腰を上げ、日系航空会社がついに価格競争の表舞台に出てきたことで、一般の人にとってもLCCが身近なものになりつつあるのだ。

まず、ANAの子会社ピーチ・アビエーションによる、ブランド名「ピーチ（Peach）」と呼ばれるLCCが先陣を切った。2012年3月1日に国内線から就航を開始し、ソウル（仁川《インチョン》）や、台湾、香港への国際線にも就航。さらに将来的には、グアムやサイパンといったリゾート路線にも進出する予定だ。

ピーチの国内線料金は破壊力のあるものだった。就航記念キャンペーン運賃は、関空発着の福岡便および新千歳便で、いずれも片道なんと250円。HISの2012円同様、予約開始時にはサイトへのアクセスが集中したため、フェイスブックページに公式でお詫びの言葉が掲載されたほどの盛況ぶりだった。キャンペーンではないとしても、福岡便で3780円から、新千歳便で4780円からと、通常料金も型破りだ。

ピーチのあとを追う形で、JALが参画した「ジェットスター・ジャパン」や、ANAが取り組むもう一つのLCC「エアアジア・ジャパン」も、2012年夏に続々と就航を果たした。ジェットスター・ジャパンは1円から、エアアジア・ジャパンは5円からと、キャンペーン運賃の価格競争も過熱を極めた。このままいけば空の旅の格安化が加速度的に進みそうで、利用者としては胸が高鳴る。

また、スカイマークなど既存の航空会社も負けじと低価格路線をいっそう進めており、成田発着の新千歳、旭川路線で最安値980円からと、驚きの運賃をいち早く実現している。

あまり知られていないが、スカイマークは2011年秋に那覇—宮古路線に新規参入し、ANAやJALとの間で激しい価格競争が勃発した経緯がある。その結果、これまでは片道1万円以上もした宮古路線が、搭乗時期によっては2900円から乗れるようになった。僕も2011年、さっそく宮古へ旅行してきたのだが、島の人たちの間でも話題となっている

表1　日本からLCCで行ける海外の都市（2012年10月現在）

都市名	航空会社名	発着地
ソウル（仁川）	ピーチ・アビエーション	関西
	エアアジア・ジャパン	成田
	チェジュ航空	関西／中部／福岡
	イースター航空	成田／関西
	ティーウェイ航空	福岡
	ジンエアー	札幌
ソウル（金浦）	チェジュ航空	関西／中部
釜山	エアプサン	成田／関西／福岡
	エアアジア・ジャパン	成田
済州	チェジュ航空	関西
台北	ピーチ・アビエーション	関西
	ジェットスター・アジア航空	関西
	スクート航空	成田
香港	ピーチ・アビエーション	関西
上海	春秋航空	茨城／高松／佐賀
マニラ	セブ・パシフィック航空	関西
	ジェットスター航空	成田
	ジェットスター・アジア航空	関西
クアラルンプール	エアアジアX	羽田／関西
シンガポール	ジェットスター・アジア航空※1	関西
	スクート航空※1	成田
ケアンズ	ジェットスター航空	成田／関西
ゴールドコースト	ジェットスター航空	成田／関西
ダーウィン	ジェットスター航空※2	成田

※1）台北経由　※2）マニラ経由

ようだった。

　ＬＣＣが参入することで、ＬＣＣではない従来の航空会社も運賃を下げざるを得ない状況になる。ＬＣＣ自体を語るのも大事だが、実はこの副次的効果こそが、重要なポイントである。

　果たしてＬＣＣは、高すぎるとも言われる日本の航空運賃に風穴を開けるきっかけになり得るだろうか。ＬＣＣはホットなトピックスなので、追って別の章でも触れる。

　旅のデフレ化は止まりそうにない。激しい価格競争は航空会社にとっては頭の痛い問題だろうが、安く旅したい旅人としては大歓迎なのである。ますます、「お金がない」を旅に出ない理由にできない状況になりつつあるのだ。

第一章　どこをいつ旅するか

行きたい場所へ行こう

突拍子もないたとえ話で恐縮だが、旅は読書に似ていると僕は思う。共通点は次の通りだ。

——いずれも、見聞を広めてくれる。

——そして、娯楽でもある。

——さらに、選択肢が幅広い。

これらのうち、最後の「選択肢」について、ここでは書いてみたい。

一言で読書とくくっても、かなり幅広い。小説、エッセイ、ノンフィクション、ビジネス書、自己啓発書、趣味実用書……など、ジャンルは多様だ。小説だけをとってみても、ミステリー、純文学、時代小説、ライトノベルなど細分化されている。ついでに言うと、読む媒体も単行本や文庫、新書など複数ある。最近は電子書籍という新しい手段が生まれ、どんな端末でどんなフォーマットで読むか、なんて問題まで出てきた。

少々強引ではあるが、これは旅にも当てはまるような気がするのだ。

どこへ行くのか。アジアなのかヨーロッパなのか。さらに言えばアジアのどこなのか。どんな方法で行くのか。そこへ行って何をするのか。旅は十人十色であり、選択肢は星の数ほどある。

旅を計画するにあたっては、まずは「どこへ行こうか」と考えるだろう。そして決定に至るまでには、目的や予算、タイミングなどさまざまな要因が影響を及ぼす。

これも読書と似ている。何を読もうかと考える。書店でたまたま目に留まった本、本棚に「積《つ》ん読《どく》」状態になっていた本、友だちに勧められた本など、読むべき本が多数ある中で1冊を選ぶには、何らかの理由が存在する。

僕の指針はシンプルだ。それは、できる限り読みたい本を読むということ。当たり前に思えるが、これが案外難しい。読みかけの本があるから、仕事の資料だから、友だちが貸してくれたからといった種々の要因で、本来の欲求とは関係のない読書体験になってしまうことは大いにあり得る。

何かしらのしがらみがあったとしても、無視したほうがいい。無条件で読みたい本を読むべきだ。そのほうが、トータルでの満足度は高くなる。

旅もまったく同様で、基本的には最も行きたい場所へ行くのが最良ではないか、というのが僕の考えだ。そのうえで、本章では行き先の選び方について掘り下げてみたい。

ちなみに最初に書いておくが、少なくとも、金額で選ぶのはあまり感心しない。

「本当はフランスに行きたかったけど、イギリスのほうが航空券が安かったからイギリスにした」といった選び方をする人がいる。かくいう僕自身も、予算の関係で行き先を変更した経験がないわけではない。けれど、それって所詮は妥協なのだ。結果的にイギリスで満足できたとしても、フランスに行ったほうがもっと楽しめた可能性は否めない。

どこでもいいのなら話は別だが、よほどの金額差がない限りは、初志を貫徹してフランスにしたほうがいい。読みたい本があっても、ハードカバーでは買わずに文庫になるのを待つ行為にも似ている。単行本と文庫の金額差なんて、旅の費用に比べれば微々たるものだが、いずれも無粋であることには変わりない。読みたい本を読む。行きたい場所へ行く。これが理想だ。

大事なのは「そこで何をしたいのか」

行きたい場所が明確に決まっているのなら、無条件でそこに決定したい。けれどもそうでない場合は、複数の候補地から選ぶことになる。行きたいところが一つだけとは限らないし、旅先が特定していない人のほうが実際には多いかもしれない。

では、旅先を選別する基準となるのは何なのか――。

それは、目的である。シンプルに考えると、自ずと答えはハッキリしてくる。

たとえば、「砂漠でラクダに乗りたい」という目的。これを達成できる旅先となると、ある程度絞られてくる。砂漠といえばやっぱりサハラでしょう、とモロッコを選んだり、もう少し近いところでドバイを選んだり。さらに近場にして予算を抑えたいなら、中国の敦煌《とんこう》あたりも候補に浮上するだろうか。いずれにしろ、目的ありきだと旅先選びは違和感がない。

つまり、「どこへ行きたいか」に加え、「何をしたいか」が意味を持つことになるのだ。テーマ性とも言い換えられる。

テーマは何だっていい。多種多様なものが考えられる。僕のこれまでの旅からいくつか紹介すると、「遺跡の写真を撮る」「お祭りに参加する」「コンサートを観る」「浴びるほどワインを飲む」「友だちに会いに行く」などなど。我ながらまるで統一性がなくて呆《あき》れるが、同じテーマを何度も追求したっていい。

1回の旅であれもこれもと欲張らないのがコツだ。週末海外をはじめとする短期旅行ではとくにそうで、僕の経験では、最低限達成したいテーマを一つだけ設定すると、うまくいくことが多い。複数のテーマを追いすぎると、むしろ個々の印象や満足感が薄れてしまうのだ。大テーマは一つだけとし、それを中心にプランを練り、ついでにカバーできそうな中テーマや小テーマはあくまでおまけとする。

非常に個人的な趣味の話になり恐縮だが、僕自身が近頃執心しているテーマを一つ紹介すると、「植物」が挙げられる。以前はさほど関心がなかったが、30代も半ばを迎えた頃から急に気になり始めた。

そこで、旅先では植物の匂いを追い求めることになる。各国の植物園を巡り、自然公園などに足を延ばす。フラワーフェスティバルなどの植物関連のお祭り情報に、敏感に反応するようになった。旅先で園芸ショップを見つけたら用がなくてもふらりと立ち寄るし、規模のやや大きい植物市場があったあかつきには歓喜する。

どんな目的にしろ、何も考えずにのほほんと出かけるよりも、何らかのテーマを掲げたほ

砂漠といえば、真っ先に思いつくのはサハラ？　実にミーハーだけれど、やっぱりラクダには乗っておきたい

うが、旅はいっそう厚みのあるものになると思う。

横並びツアーからの脱却を

日本人の海外旅行需要が伸び悩んでいると言われて久しい。若者の海外旅行離れなんて話もよく耳にするようになった。終わりの見えない不況や、若年層の人口比率が下がっていることなどさまざまな要因が取り沙汰されているけれど、僕の見解は少し違う。

海外旅行を一つの商品として捉えると、問題の本質は浮き彫りになる。

端的に言えば、旅行会社が販売するツアーである。日本では個人旅行よりもツアーのほうが圧倒的に主流なので、多くの人にとって海外旅行商品とは、すなわちツアーのことを意味する。そしてこのツアーを選ぶ際に最大の判断基準となるのは――。

価格であろう。「どこへ行きたいか」や「何をしたいか」よりも、安いか高いかが影響力を持っていると言ってもいい。なぜなら、旅行会社は複数あれど、判で押したようにどこも似た内容のツアーばかりで、差別化できるのは価格くらいしかないからだ。

新聞広告や旅行会社のサイトを見れば、一目瞭然である。「ソウル　1万9800円!」「ハワイ　5万9800円!」など、やたらと数字ばかりが強調され、レイアウトもまるでスーパーの特売チラシのようだ。これでは消費者としては嫌でも価格を意識してしまう。

ツアーの中でも、航空券と現地空港送迎、ホテルのみがセットになったフリープランの人気が高い。いわゆる「スケルトンツアー」と呼ばれる商品だが、全体の5割を超すとの調査結果も出ている。団体行動は嫌だけれど、自力で全部手配するのも面倒、という人のニーズにマッチするのだろう。

この手のスケルトンツアーは、価格偏重がさらに顕著だ。差別化要因は航空券やホテルくらいしかない一方で、安くさえあればこだわりはない人がほとんどなので、激安のものばかりが結果的に選ばれる。というより、価格の安さが絶対的正義とさえ言える状況だ。

しかし、安いツアーにはそれなりの理由がある。出発時間に無理があったり、ホテルが場末にあったり。送迎時に土産物屋へ強制的に立ち寄るパターンもよく見かける。安いからといって飛びついたものの、いざ行ってみて落胆する可能性は大いにあり得るのだ。価格相応と割り切れる人はともかく、「こんなものか……」という印象のまま日本へ帰ってくると、本当の旅の魅力に気がつかずに「海外旅行はもういいや」となる。その結果、旅から離れて行ってしまう。

スケルトンツアーの内容はなかば定形化しており、何度か行くと想像がついてしまう。現地での自由行動時間の過ごし方はガイドブックを参考にするが、ガイドブックもこの手のツアー客向けに特化して編集されているのが現状だ。

予定調和で目新しさはないため、最初は楽しくてもすぐに飽きがくる。極端なことを言えば、そのうち台湾も香港も北京も大した違いがないように感じてしまうかもしれない。「今回は台湾が安かったから」と、スーパーのタイムセールのような感覚で旅先を選ぶのは、いくら海外旅行が気軽なものになったからといって、長い目で見れば建設的とは思えない。

消費者の嗜好は多様化し続けている。安さを追い求めるだけの既製品ではいつまでも通用しない。余計なお世話かもしれないが、最大公約数的な型にはまった内容ではなく、細かなニーズを汲み取った、テーマ性の強いツアーが求められている気がするのだ。

航空路線網を意識した旅先選び

あまり書くと、海外旅行のあり方そのものに関する奥まった議論に達して収拾がつかなくなりそうなので、この辺にしておこう。念のため補足すると、別に個人旅行のほうがいいとかツアーが駄目とか、そういう話ではない。

僕自身は個人旅行派である。集団行動が苦手だから、というのはあるが、別にツアーを毛嫌いしているわけではない。自分の嗜好に合うプランがあるなら、ツアーだろうが構わない。

個人旅行だと、最も重要なのは航空券の手配だ。宿泊するホテルや具体的な観光計画については、航空券が確定して行き先や到着時間が決まらないと、どうにもならない。まずは、いかにお得で移動効率のよいチケットを入手できるかにかかってくる。

世界の航空網を巡る状況は、変化が目まぐるしい。先月まではあった路線がなくなっていたり、同じ路線でも経由地が変更されたり、なんてことは日常茶飯事だ。最近だと、ヨーロッパの経済危機の影響で資金繰りが悪化し、全便運航停止になった航空会社や、逆に経営が絶好調で毎月のように新規路線に就航しているＬＣＣのニュースを聞く。

海外旅行マニアの中には、そういった情報に精通している人も少なくない。いまはインターネットであらゆる情報が手に入るから、マメにチェックさえしていれば誰しも事情通になれる。新規就航を記念したキャンペーンなど、お得情報を拾える可能性も高まる。

そして、この情報を精査していく作業が、次の旅先を選定するきっかけにもなるのだ。たとえば、お気に入りの航空会社が、新たな路線を開設すると聞いたとする。それまでは興味がなかった場所だが、その航空会社の便で行けるなら……と、突如選択肢に浮上するのだ。

お気に入りの航空会社とは、すなわちマイルを貯めている航空会社でもあるから、貯まったマイルで特典航空券を発券するという手も思いつく。特典航空券は座席数が限られ、なかなか思い通りに予約が取りにくいものだが、新規就航路線となるとまだ競争はゆるい。

また、搭乗する飛行機の機材次第で行き先を選別する人もいるようだ。直近だと、ANAが最新鋭のボーイング787型機を世界に先駆けて導入し、航空ファンが飛びついた。787に乗りたいがために、最初の国際線就航地であるフランクフルト路線を予約した友人もいる。

もう少し時間をさかのぼると、エアバス社のA380誕生も話題をさらった。海外旅行マ

表2　年末年始の問い合わせが多かった旅先（エイビーロード調べ）

順位	2011年	シェア(%)	順位	2010年	シェア(%)
1位	ソウル	9.2	1位	オアフ島	12.7
2位	オアフ島	8.6	2位	ソウル	9.6
3位	台北	7.9	3位	台北	6.3
4位	グアム	7.6	4位	バリ島	5.0
5位	バリ島	5.1	5位	パリ	4.5
6位	パリ	4.7	6位	香港	4.4
7位	セブ島	3.9	7位	セブ島	3.6
8位	香港	3.7	8位	バンコク	3.5
	シンガポール	3.7	9位	グアム	3.3
10位	ホーチミン	2.6	10位	ホーチミン	3.0

ニアというよりは乗り物マニアといった印象も受けるが、旅好きには飛行機好きが多いのも事実だ。

「憧れのあの飛行機に乗りたい」

そんな理由で旅先を選ぶのも一興だろう。これも、「何をしたいか」の一つの答えである。

人気の旅先は時代によって変化する

興味深いデータがある。エイビーロードが公表した、2011〜2012年の年末年始時の人気旅先ランキングだ。問い合わせが多かった旅先をベスト10形式でまとめたものだが、昨今の海外旅行のトレンドを知る手がかりになりそうなので紹介する（表2）。

1位ソウル、2位オアフ島、3位台北という結果はまず順当と言えるだろうか。ベスト3は、前年のランキングから順位こそ入れ替わりがあったものの、顔ぶれはまったく同じだった。

ほぼ予想通りで、あまり新鮮な驚きはなかった。

注目すべきは、前年比でシェアを伸ばした旅先のランキングだ（表3）。これを見ると、人気が急上昇している旅先がよく分かる。シンガポールがダントツの1位だが、僕はひどく納得がいく。これまでも旅先候補としては知られた存在だった同国だが、ここ最近、目覚ましい躍進ぶりなのだ。

カジノを含む巨大リゾート「マリーナ・ベイ・サンズ」や、東南アジア初となる「ユニバーサル・スタジオ」が開業したりと、話題には事欠かない。治安がよく、食事や買い物も充実しているシンガポールは、アジアの他地域と比べても潜在的魅力を備えていた。また、政情不安や洪水の影響でタイへの渡航を控える人が増え、代替地としてシンガポールが選ばれている事情もあるのではないかと推測できる。

表3　2011〜2012年末年始で、前年に比べてシェアを伸ばした旅先（エイビーロード調べ）

順位	旅先	シェア伸び率（%）
1位	シンガポール	324.7
2位	グアム	252.9
3位	クアラルンプール	228.0
4位	ニューヨーク	216.4
5位	サイパン	196.4
6位	モンサンミシェル	172.2
7位	ロサンゼルス	162.2
8位	カッパドキア	185.7
9位	ヘルシンキ	147.0
10位	パラオ	146.6

クアラルンプールが3位に入っているのは、エアアジアXというＬＣＣが最大の要因だろう。羽田発着としては、現時点で唯一のＬＣＣであり、２０１１年後半には関空にも就航を

果たした。片道5000円からという、インパクトのある料金の結果が表れている。

さらに興味深いのは、モンサンミシェルとカッパドキアの存在だ。これらは著名な観光スポットではあるが、以前はそこまで認知されていなかったはずだ。世界遺産ブームの流れで、頻繁にテレビなどで取り上げられたのが大きい。

少し業界の裏話をすると、トルコは近年とくに観光客誘致に力を入れていた。要するに、プロモーションにお金をかけていたのだ。東京都内であれば、地下鉄の駅構内でよく広告を見かけたし、成田エクスプレスの車内広告もほかよりかなり派手だった。

実際、トルコを訪れる観光客は激増しているようだ。2010年に7年ぶりにイスタンブールを訪れたのだが、ど

絶海の孤島にそびえる修道院モンサンミシェル

ニョキッとした奇岩群で知られるカッパドキア

こへ行っても観光客だらけで目が回りそうになった。宿代の高騰ぶりも著しく、「外国の友人たちが前みたいに気軽に来られなくなった」と、トルコ人のおじさんが嘆《なげ》いていたのが強く印象に残っている。

人気の旅先は、時代によって変化する。ランキングを眺めると、自分の旅先を決める参考にもなるだろう。流れに乗るも逆らうも、人それぞれだ。個人的には他人と一緒なのはいやなので、あえてランキング圏外の場所から選びたいと思うが……。

ベストシーズンを知ろう

旅先選びの重要ファクターとしては、「いつ行くか」というタイミングの問題も大きい。前章で冬季にオススメの旅先を少し紹介したが、さらに掘り下げてみよう。

旅の時期については、大きく2つの考え方がある。

一つは、目的地のシーズンを意識して選ぶ方法だ。旅ほど気候に影響を受けるものはない。一年を通して楽しめる旅先もあるけれど、多くは旅に向いている季節がある程度決まっている。やはり気候のよい時期に訪れるのが賢明だ。同じ場所であっても、夏と冬ではまったく違って見えたりする。

とりわけリゾートはシビアだ。オフシーズンに無理して行ったら、どんよりと厚い雲に覆われ、青い空を一日も見られずに終わってしまった経験が僕にもある。あれはプーケットへ行ったときのことだ。貴重なゴールデンウィークを利用して訪れたのに、がっかりさせられた。

インドシナ近海にはリゾート・アイランドがいくつかあるが、半島を挟んで東西どちらにあるかでベストシーズンが真逆になるので注意したい。

たとえば、プーケットは西側の沿岸に位置する。ほかにもマレーシアのランカウイやペナンも同様に西側だ。それらの地域では、日本が冬の時期に最も天候のよい季節になり、４月下旬から5月頃に雨季を迎える。つまりプーケットへは、ゴールデンウィークよりも年末年始や冬休みに行ったほうが断然いいのだ。ゴールデンウィークであれば、同じタイでも半島の東側にあるサムイ島がベターだ。サムイ島は逆に、日本が春から夏の時期にベストシーズンを迎えるからだ。

オフシーズンは料金的には狙い目なので、天候の悪さを承知のうえであえて選ぶならいいだろう。しかし、そういったことを知らずに「おやっ、安いなあ」と気軽に手を出すと、痛い目に遭う。

旅のベストシーズンはガイドブックにも必ず書いてあるし、インターネットで検索すればすぐに情報が得られる。まずは、訪れる時期がどういうシーズンかをチェックしたい。

行きたいときが行きどき

旅の時期を考えるうえで外せないのは、現地の気候だけではない。もう一つの懸案事項は、旅に出るための休暇を取る時期についてだ。むしろ、こちらのほうが切実かもしれない。

会社勤めだと、休める時期は必然的に限られてくる。職場環境にもよるだろうが、ある程度の長さの休みとなると、ゴールデンウィーク、夏休み、年末年始の3つの大型連休に集中する。

よって、これらの時期は旅行代金がグッと跳ね上がる。連休前日と連休初日のわずか1日違いで、料金が平気で3倍になったりもする。実際、連休初日の午前中に成田空港を訪れると、異常なほどに混雑している。

いまさら言うまでもないが、もし休みの時期をずらせるのなら、わざわざ世間の連休に合わせて旅する意味はない。時期を変えるだけでずっと安く済むし、しかも空いているのだ。

分かってはいるけれど、それら大型連休にこぞって多くの人たちが旅をしている現実がある。そこしか休めないのだ。唯一とも言える旅のチャンスを逃したくない。どうしても旅をあきらめられない人は、割り増し料金を払ってでも行きたいのである。

もはや、個人の価値観の問題になってくる。本当に旅が好きな人は高くても行くけれど、高いからとあきらめる人が旅好きでないわけでもない。

一つ言えるのは、旅は行きたいときが行きどきだということ。

旅立ちには、ある種の「勢い」のようなものがついて回る。気分が盛り上がっているタイミングで実行すべきなのだ。先送りしてしまうと、計画は頓挫《とんざ》しがちである。

本書ではあれこれ小賢しいことも書いているが、余計なことは考えずに、行きたいときに行きたい場所へ行くのがベストである。小賢しくても構わないので、少しでも効率よく旅したいという人のために、実際にどうやって旅の手配をすればよいのか、次章でまとめてみたい。

第二章　旅は自分で組み立てる

旅行予約は趣味感覚で

本章からいよいよ実践編に入るが、その前に一言。

旅の手配は決して面倒なものではない――。

面倒そうだと端から敬遠している人は、その考えを一度リセットしていただきたい。手間はかかるが、工夫すればしただけ見返りが得られるし、あれこれ思案しながら計画を練っている時間こそが、旅の醍醐味なのだ。

慣れれば慣れるほど上達していくのは、趣味全般に言えることだ。旅行手配も似たようなもので、何度も旅をするにつれ、スムーズに予約できるようになる。よりお得で満足度の高い結果が得られるようになる。まさに、習うより慣れろの世界なのである。

スポーツなどの趣味と異なり、特別な身体能力は不要だ。知識がものをいう部分があることは否めないものの、死ぬ気で取り組むほどのものでもない。日頃からなんとなくアンテナを張っておく。ほんの少しだけ知恵を絞ってみる。すると、じわじわと効果が表れてくる。

インターネットの普及により、旅行手配に関しては素人とプロの垣根は取り払われた印象も受ける。以前なら旅行会社が持つ専用端末を使わないと不可能だった予約作業の多くを、個人のパソコンで誰もが行えるようになった。さらに最近では、スマートフォンへの対応が著しく進んだお陰で、パソコンすら使わずに親指操作だけで完結してしまう。

旅行手配もＤＩＹの時代なのである。各個人が好きなときに、好きなだけ時間をかけ、自分だけの旅を組み立てられるのだ。旅行会社に丸投げするのではなく、自力で手配する。そのほうが利便性は高く、自由も利く。何より、趣味として愉しい時間だと思う。

金額ではなく日程ありきの旅づくり

安ければ安いほうがいい。いまさら言うまでもないことだ。

ところが一方で、旅に限って言えば金額だけがすべてではないことは前章で触れた。旅するうえで金額の安さは絶対的な価値を持つが、絶対的な正義ではないのだ。

1円でも安く旅したいだけなら、航空会社や旅行会社のバーゲンに飛びつけばいい。とびきり安いものは争奪戦になるだろうが、宝くじを買うのとはわけが違う。その種の特売品ばかりを狙い撃ちしていれば、よっぽど運の悪い人でも、いずれ確保できるはずだ。

そうではなく、限定されたシチュエーションで、いかに納得のいく予約ができるかという話なのである。何を限定されるかと言えば、日程だ。

暇を持て余している学生や定年退職者ならいざ知らず、社会人なら仕事を抱えているのが普通だろう。自由に使える時間は限られるのだ。職種や職場環境にもよりけりだけれど、都合がつく日程で運よくバーゲン商品を確保できるかというと、残念ながら非常に難しい。限られた日程の中での最安値を探すことになる。

要するに、金額ありきではなく、日程ありきなのである。

航空券やツアーの料金は、日程によって変動する。それも、かなり激しく変わってくる。まったく同じ内容だったとしても、いつ出発するかで何万円もの違いが生じるのだ。テレビや冷蔵庫などの家電を買うようにはいかない。

安い日程に自分の予定を合わせられないからこそ、予約力が必要になってくる。手配の仕方が勝敗を左右するのである。

「勝敗」などと大げさな書き方をしたが、あながち的外れでもないはずだ。飛行機の便数や座席数は決まっている。同じ日に同じ便に乗りたい者どうしで、席の取り合いをしているのが現実なのだ。勝利をつかみたいなら、手間を惜しんではいけない。

ベストな予約サイトはそのつど変わる

希望の日程と行き先が固まったら、さっそく航空券探しを始めることになる。

アクションを起こすのは、1日でも早いほうがいい。時間が経過するにつれて、いい条件の航空券を取得できる確率は下がっていく。直前になって値下げされたり、キャンセルぶんが売りに出されたりといった可能性もゼロではないが、旅の予約は早い者勝ちが原則だ。

偉そうなことを書いているが、かくいう僕自身も、航空券探しを後回しにしていたせいでいい席が取れず、涙をのんだ経験は数知れない。自戒の念を込めて本原稿を書いている。

予約はインターネットから行おう。これは、現代の海外旅行のお約束である。あえて「常識」という少々強気な言葉で言い換えてもいい。ネットのほうが総じて安く上がるし、自分の好きなときに好きなだけ時間をかけて旅を組み立てられる。旅行会社の店舗へ相談しに行くことが悪いとは言わないが、個人的にはネットのほうを推したい。

ネットでの航空券の購入経路としては、航空会社のサイトと、旅行会社が運営する航空券予約サイトの2つにまずは大別される。乗りたい航空会社が決まっている場合は前者で検索すればいいが、多くの人は、おそらく後者の方法を利用しているはずだ。同じ路線であっても、複数の航空会社の複数の便を比較検討できるからだ。

航空券のネット予約といえば、以前は検索結果からフォームに記入してメールで問い合わせる必要があった。ネット経由とはいえ、結局は旅行会社のスタッフが人力で対応するというアナログなものだったからだ。しかし、それも過去の話だ。いまではリアルタイムで空席状況が表示され、オンラインで決済から発券までできるサイトが主流になっている。

HISやJTBといった業界の大手も、近年はオンライン予約に力を入れており、似たような予約サイトが乱立したことで、混沌とした状況になってきている。航空券予約サイトの主要なものについては表4にまとめてみた。

では、どの予約サイトがいいのか。これは一概には結論付けられない。

当然ながら取り扱う商品、つまり航空券のラインナップが豊富なサイトがベストではあるが、時期や行き先によっても違ってくるのだ。

表4　航空券予約サイト

サイト名	URL	概　要
トルノス	http://www.tornos.jp/	業界大手JTBグループの予約サイト。母体が大きいだけあり、取り扱う航空券の種類が充実しており、サイトも見やすい
スカイゲート	http://www.skygate.co.jp/	DeNAグループ。間際予約や限定キャンペーンなど、格安なものが多い。お得情報を得るにはメールマガジンの購読がオススメ
フリーバード	http://www.free-bird.co.jp/	リアルタイム予約としては老舗サイト。発着地の欄に3桁の空港コードを入力して検索できたりと、中上級者には使い勝手がよい
イーツアー	http://www.etour.co.jp/	老舗予約サイト。空港コードや航空会社コードの検索、区間マイル数の計算といった、ツール類が充実しているのがうれしい
エクスペディア	http://www.expedia.co.jp/	ホテル予約サイトとして知られるが、近年は航空券の取り扱いが増えており要注目。日本以外発着の路線にも対応している

日程や行き先を選んで検索し、条件に合ったものが見つかれば、名前や電話番号などを入力し予約する。購入には主にクレジットカードを使用し、ＥチケットはＰＤＦなどで送られてくる。おおまかな手順はどこも似たようなものだが、インターフェイスの善し悪しや、利用者との相性などもあるので、ベストサイトは簡単には決められない。

サイトによって購入できる航空券の種類が異なるため、どこか特定のサイトに絞るのは得策ではない。これも重要なポイントだ。

何度か利用するうちに各人の好みのサイトがある程度絞られてくるかもしれないが、

少しでも条件のいいものを探したいなら、常に複数の予約サイトを比較検討せざるを得ない。ゴールデンウィークの旅行はトルノスで取れたけど、夏休みはフリーバードで空席を見つけた、なんて現象が起こりがちである。ベストサイトはそのつど違ってくる。

横断型検索サイトを活用する

とはいえ、数ある予約サイトをいちいち全部チェックするのも面倒だ。そこで活用したいのが、複数の予約サイトを一括検索できる横断型検索サイトである。

フルサービスの航空会社（レガシーキャリア、フルサービスキャリア＝ＦＳＣなどともいう）だけでなく、ＬＣＣも一緒にチェックできる利便性に優れた横断型検索サイトがいくつか登場している。これらのサイトは「メタサーチ」などとも称される。

老舗として世界的に有名なのは「ＫＡＹＡＫ」(http://www.kayak.com/) だろうか。ただし英語サイトであり、残念ながら現時点では日本語に対応していないため、国内での知名度はあまり高くない。

個人的によくお世話になっているのは、「スカイスキャナー」という横断型検索サイトである。日本語を含む25以上の言語に対応しており、ここ数年で急速に支持を拡大してきた。

「２０１２年アジア太平洋オンライン・トラベル・イノベーション」というアワードにおいて、「最優秀航空運賃比較メタサーチ」サイト賞も受賞している。

スカイスキャナーでは、１０００社を超える航空会社の何百万ものフライトを一括して検索できる。日々活用している実感としては、ここで検索すれば、たいていの航空券は見つかる印象だ。一部のＬＣＣやチャーター便、各旅行会社が独自に確保している格安航空券など、取り扱いのない航空券もあるにはあるが、主要なものはほぼ網羅していると言っていいだろう。

日本の航空券予約サイトでは扱いが少ないＬＣＣも、一緒に検索結果に表示されるのが大きな強みだ。日本語非対応の外国の予約サイトの検索結果までもが、日本円に自動換算されて表示されるのは、本当に便利。余計なことは考えず、まずはスカイスキャナーで検索してみるのが無難な方法だと思う。

検索結果ごとに預け入れ荷物の最大重量や機内食の有無まで表示されるのも、細かいけれど特筆すべき点だ。ＬＣＣ時代ならではと言えるだろう。ＬＣＣは預け入れ荷物や機内食が有料なのが一般的で、運賃や税金だけではなく、それらの追加料金を含めた総額で見極める視点が必要になるからだ。

スカイスキャナー自体には予約の機能はなく、表示された検索結果から各航空券を取り扱うサイトに移動する。その際、スカイスキャナーで選択した航空券の予約画面にダイレクトに接続されるので、移動先のサイトで改めて検索し直す必要がなく使い勝手に優れている。

個人的には、日本発着以外の航空券も手軽に押さえられるのがありがたい。日本の旅行会社の予約サイトではなかなか探せない航空券であっても、英語ではなく日本語で調べられるのだ。初めて行く土地勘のない都市からの航空券を探すなんて、以前はなかなかハードルが高かった。しかも片道から検索できるので、単純往復ではない周遊型の旅行にも向いている。自由な旅を志す者ほど、スカイスキャナーのような横断型検索サイトは合うだろう。

また、出発の日にちを特定せずに、前後の日程の最安値一覧をグラフで表示することもできる。「1日ずらせば1万円も安くなるのか」などといった判断が可能になるわけだ。

取り扱い件数が多く、仕組みそのものが秀逸なのに加え、サイトのデザインやユーザビリティがいかにも時代の最先端といった感じなのもいい。たとえるならグーグルの旅行版とでも言えるだろうか。旅行会社のサイトは古臭くてこなれていないところが少なくないので、こういった先進的なサイトを知ってしまうとなおさらアラが見えてしまう。

スカイスキャナーはPCサイトだけでなく、スマートフォン用のアプリも用意されており

スカイスキャナー

（229ページ参照）、これがまた大変使いやすい。少々褒めすぎな気もするが、現時点では総合的に見て決定版とも言えるサイトなのではないかと思う。

航空券の種類をおさらいしてみる

予約できる航空券の種類にはどんなものがあるのか、念のためおさらいしておこう。単に高いか安いかだけではなく、その航空券がどういった種別のものなのかを把握したうえで選ぶのは意味がある。

国際線の航空券というと、おそらく多くの人が思い浮かべるのが、格安航空券と呼ばれるものだろう。いや、呼ばれてきたと、過去形にしたほうがよいかもしれない。なぜなら、一昔前と比べると状況が変わってしまったからだ。

団体旅行向けに値引きされた座席を、旅行会社がバラ売りしたもの――それが、いわゆる格安航空券の正体である。厳密にはもう少し細分化されているが、あえて簡潔に説明するなら、ひとまずそういった解釈になるだろうか。運賃種別としては、「IT運賃」などとも称される。いずれにしろ航空会社の正規ルートではなく、旅行会社によって販売される航空券である。

これは読んで字のごとくで、正規の航空券よりも格安なのがウリであった。航空券だけを購入する個人旅行者にとって、以前は最も馴染み深いものだったと思う。

一方で、航空会社が自ら販売する航空券がある。依然としてIT運賃の格安航空券は存在するものの、いまの主流はこの航空会社の正規ルートの航空券だろう。

といっても、定価販売のノーマル運賃（普通運賃）なんて目玉が飛び出るほど高額だから、端から選択肢になるわけもない。筆頭候補となるのは正規の割引運賃、俗にPEX運賃と呼ばれる航空券である。予約サイトによっては「正規割引航空券」などと表記されていたりもする。

PEX運賃自体はだいぶ昔からあったが、以前はIT運賃よりも割高なケースが多かった。

転機となったのは２００８年の規制撤廃だ。それまで航空運賃には下限が定められており、航空会社が安くしたくても、一定の金額以下にはできなかったのだ。そのため、ＩＴ運賃の格安航空券という形で、下限よりも安い航空券が流通していた現状があった。

規制がなくなったことで、正規ルートの航空券は一気に価格破壊が進んだ。ＩＴ運賃での航空券流通からは足を洗い、正規ルートに絞る航空会社も出てきた。こうしてＩＴ運賃は徐々に駆逐され、その代わりにＰＥＸ運賃が表舞台に躍り出たのだ。

ＩＴ運賃とＰＥＸ運賃がほとんど同額、もしくはＰＥＸ運賃のほうが安いとなれば、ＩＴ運賃を選ぶ必然性はなくなる。ＰＥＸ運賃のほうが圧倒的に好条件だからだ。

分かりやすい例を出すと、マイルの積算率はＰＥＸ運賃のほうが高い。ＩＴ運賃だと区間マイルの50パーセントしか付かないのが、ＰＥＸ運賃だと75パーセントとなっていたりする。そもそもＩＴ運賃だと、マイルがまったく貯まらないものも珍しくない。旅好きにとって、マイルはある意味お金以上に価値を持つものであり、より積算率の高いＰＥＸ運賃を選んだほうがお得という結論になる。

また、格安航空券では設定のない子ども向け料金が用意されている点も、ＰＥＸ運賃の利点だ。家族旅行であれば、ＰＥＸ運賃のほうが使い勝手がいい。

表5　航空券の運賃種別

ノーマル運賃	いわゆる普通運賃
PEX運賃(IATA PEX)	各航空会社にかかわらず一律で決められた割引運賃
ゾーンPEX	各航空会社が独自に設定する割引運賃
APEX	ゾーンPEXの中でも購入期限などの条件付きで安くしたもの
IT運賃	いわゆる格安航空券や、パッケージツアー用の運賃

国際線にはエコノミークラスやビジネスクラスといった座席種別があるが、加えて「予約クラス」という格付けの概念がある。「ブッキングクラス」などとも呼ばれる。同じエコノミークラスでも、航空券によって予約クラスが変わり、条件が異なる仕組みだ。座席自体は同じでも、格上の予約クラスのほうが優先的に座席を割り当てられるし、日程変更やキャンセルなどの諸条件も優れている。言うまでもなく、予約クラスはIT運賃よりもPEX運賃のほうが高い。

PEX運賃は、特徴によっていくつかの種類に分けられる。各航空会社が独自に設定した割引運賃は「ゾーンPEX」と称され、さらに、ゾーンPEXの中でも購入期限などの条件を付けて価格を下げたものを「ADVANCE PEX（通称APEX）」と呼ぶ。つまり、IT運賃並みに安くなり、我々が一般的に利用するようになったPEX運賃とは、APEXと呼ばれるものだ。ANAなら「エコ割3／5／7」、JALなら「ダイナミックセイバー3／5／7」といった、正規割引運賃の最も安いタイプがこれに該当する。

日本では「格安航空会社」と訳されるＬＣＣも選択肢に加わり、格安とそうでないものとの垣根が曖昧になり、ますます区別が付きにくくなってきた。格安航空券という言葉の定義自体を見直す必要もあるのかもしれない。

ＰＥＸ航空券は航空会社から直に買う

利用したい航空会社がＡＮＡやＪＡＬの場合、ＡＮＡやＪＡＬのサイトから直接予約／購入するのが鉄則だ。旅行会社のサイトや航空券予約サイトでも取り扱いがあるが、運賃自体は同じだからだ。余計な予約発券手数料を取られ、ＡＮＡやＪＡＬのサイトで直接購入するよりもむしろ高くなってしまうことさえある。

旅行会社経由で購入すると、何か問題が生じた際の問い合わせ先が、場合によっては航空会社ではなく旅行会社になるのも面倒だ。直接やりとりできたほうが安心感があるし、不要な中間マージンを支払うのは馬鹿らしい。それに、可能性は低いが、旅行会社が倒産した場合のリスクも勘案したい。

仮に航空券予約サイトで検索して見つけたのだとしても、僕は改めてＡＮＡやＪＡＬのサイトから検索し直すことにしている。なお、横断型検索サイトでは検索結果から航空会社のサイトに移動して予約ができるので、この限りではない。

ＡＮＡやＪＡＬではなく外資系の航空会社であったとしても、大手ならばたいていは自社サイトに予約機能を持ち、しかも日本語に対応している。ＰＥＸ運賃の航空券に関しては、可能な限り航空会社のサイトから購入するようにしたい。

ただ、旅行会社のサイトや航空券予約サイトを利用したほうがベターなケースもある。知名度の低い航空会社だと日本語に対応していなかったり、直販自体を行っていないこともあるのだ。また、数は少なくなったものの、ＩＴ運賃の格安航空券については航空会社のサイトでは購入できないため、旅行会社や航空券予約サイトに頼ることになる。

あとは、使い慣れたサイトを利用したい人もいるだろう。航空会社によって予約手順が異なるのはわずらわしいし、常に利用するサイトがあってポイントが貯まっているなどであれば、旅行会社のサイトや航空券予約サイトを利用するのもよいだろう。

例外というか裏技的な話としては、あえて海外の旅行会社や航空券予約サイトから英語で予約／購入する手もある。為替レートによっては、国内で日本円で購入するよりもお得なことがあるからだ。

インターネットの発達により、日本発着の航空券も海外のサイトから購入できるようになった。海外サイトだとしても、リアルタイムにレートを反映させ、日本での販売価格と同等レベルになっているのが普通だが、中には日本価格を無視した独自の設定になっているものがあり、根気よく探すとたまに掘り出しものが見つかる。

とくにゴールデンウィークやシルバーウィークのような、日本だけがハイシーズンの時期にダメ元で見てみると、驚き価格の航空券にありつけたりもする。実際僕も、日本で買うと14万円するＪＡＬの航空券が10万円で買えた経験がある。

海外サイトとはいえ、予約サイトで必要な英語力なんてタカが知れている。４万円も節約できるなら、労力を費やす価値はある。

ひとまず予約だけは即座に入れよう

航空券は、商品としては大きな買い物だ。金額的にもそうだし、購入することで行動計画が左右されることになるため、衝動的にフラッと買ってしまうわけにもいかない。本当にこの日程でいいのか、この航空会社のこの便でいいのか、行き先はここでいいのか……などなど、すべてを考慮したうえで最終決定を下す。

購入／発券したあとでキャンセルすることは可能だが、その場合には手数料が発生する。

購入後のキャンセルは返金なし、という航空券も多い。

慎重を期したいのは言うまでもないのだが、かといってあまり悩みすぎると、貴重な座席がなくなってしまう。とくに連休にかかるような人気の高い日程やピーク時期の便では、数分前までは空席があったのに……なんて事態も珍しくない。

泣きを見ないためにも、競争の熾烈さが予想される日程なら、いい席を見つけたら1秒でも早く押さえたいところだ。

ANAやJALのサイトでは、予約してから購入するまでに猶予期間が設けられている。PEX運賃であれば、通常は予約後72時間以内に購入を済ませるルールだ。72時間以内に購入しないと、予約は自動的にキャンセルされる。実際に購入するかどうかは別として、ひとまず予約だけでも入れておくのは有効な作戦と言えるだろう。決断を下す前に仮押さえをしておけるのだ。

出発が間近に迫っている場合には、72時間ではなくその日じゅうが購入期限になったりするが、いずれにしろ予約時に即座に購入しなくていいのはありがたい。

一方で、予約から購入までに猶予期間がない航空券も多数存在する。外資系の航空会社で運賃が破格に安いものはたいていそうだし、LCCは基本的に予約＝購入だ。とりあえずキープというわけにはいかないので、頭を大いに悩ませる。悩みすぎると、誰かに席を取られてしまう。

抜け道としては、航空券予約サイトを活用する方法もある。航空会社のサイトでは予約時に購入まで求められるが、航空券予約サイトでは、同じ運賃の航空券が予約だけ入れられるケースがあるのだ。とりあえず席を押さえ、指定された購入期限までに検討することができる。本来は航空会社のサイトから買うほうがベターなのは前述した通りだが、ときと場合によって航空券予約サイトと使い分けるとよいだろう。

燃油サーチャージに注目する

航空券を購入する際に頭が痛いのが、燃油サーチャージだ（以下、燃油代）。

空港税や施設使用料は仕方ないとしても、燃油代を支払うのは本当に忌々《いまいま》しい。かつてはそんなものは必要なかった。世界的な原油相場の高騰を受け、暫定措置として始まったはずだが、撤廃される気配はまったくなく、いつの間にか当たり前の存在になってしまった。

追加代金とはいえ、時期によってはけっこう馬鹿にならない金額でいやになる。欧米行きなどの長距離路線では、航空券の代金より燃油代のほうが高いという逆転現象も散見されるようになった。たとえば、北米まで2万円の航空券なのに、最終的な支払いは10万円近くもする……なんて笑えない状況も日常的だ。

この燃油代についてはトラブルが絶えないのだろう。航空会社の多くは、いまでは燃油代込みの金額を最初から表示するようになった。しかし旅行会社の中には、いまだに別記載としている現状がある。

とりわけ分かりにくいのは、「燃油代込み」とあえて表記している格安商品と、燃油代別のものが同じ広告の中に混在しているケースだ。一部だけを込みの金額とするぐらいなら、すべてを統一するのが筋だと思うのだが……。

運賃の安さが際立っているが燃油代が高いもの、別記載となっているのは、たいていそういう商品だ。「おやっ、安いなあ」と目を引かせるための、意図的な情報操作にも感じられる。販売手法としてそのほうが効果的なのだろうが、消費者に対して不誠実なのではないかと、僭越《せんえつ》ながら苦言を呈したくもなる。

ともかく燃油代については、我々消費者としても、もはやあきらめの境地で少しでも賢く付き合うしかない。

航空券を選ぶ際には、目先の運賃の安さだけでなく、燃油代込みの金額で判断するのがセオリーだ。燃油代は横並びではなく、航空会社によって異なる。同じ路線に複数の航空会社の便が存在する場合には、なるべく燃油代が安い会社の便を選ぶことが自衛手段の一つと言える。

分かりやすい例を紹介したい。2012年前半、ロサンゼルス行きの航空券で、シンガポール航空が3万8000円、デルタ航空が2万9000円となっていた。一見するとデルタ航空のほうが安い。

けれども、燃油代の金額差が曲者《くせもの》だった。シンガポール航空が2万8000円なのに対し、デルタ航空はなんと5万円である。これを加えたうえで比較すると、シンガポール航空が6万6000円、デルタ航空が7万9000円。見事に逆転し、シンガポール航空のほうが1万円以上もお得になるのだ。

また、コードシェア便では対策の余地がある。コードシェア便とは、実質的には同じ便でありながら、複数の航空会社が運航する形態で、共同運航便とも呼ばれる。航空会社によって燃油代が異なるため、燃油代の安い航空会社のほうで予約を入れるとお得になるケースも少なくない。

直行便のほかに、より運賃の安い経由便が選択肢にある場合も注意を要する。不便だけど安いなら……と、経由便に決めるのは早計だ。経由便にしたことで搭乗する路線数が増えるため、燃油代がかさんでしまうのだ。トータルの金額は直行便と同等、もしくはむしろ高くなってしまうこともある。

あとは、航空券の発券時期を見定めるのも重要だ。燃油代の金額は発券日ベースで決定されるため、いつ発券を済ませるかが意味を持つ。

航空会社によっても異なるが、多くの会社では燃油代の金額は2カ月ごとに調整が入る。原油相場の値動きに合わせて、値上がりしたり値下がりしたりする（最近は値上がりすることのほうが多い気がするが）。ガソリンや灯油などと同じ感覚である。

来月から値上げするという情報があれば、月末までに発券を済ませる。逆のパターンなら、次の月に替わるのを待つ。こうすることで、少しでも出て行くお金を節約できる。セコイ話だけれど、旅人のささやかな知恵の一つだ。

コードシェア、機材、座席指定などを考慮する

航空券を予約する際に注意すべき点、見落としがちな点をまとめてみたい。

まず、コードシェア便の存在を意識する。前項でも少し触れたが、その航空会社の便名が

付与されながらも、実際の運航は他社ということが、近頃かなり増えてきているのだ。

たいていの場合、予約作業の際に乗る便を選択する段で、コードシェア便かどうかは明記されている。たとえば、ＡＮＡなら「他社運航便」と書かれているものが該当する。きちんと確認すればいいのだが、これが案外見落としがちだ。

コードシェア便であっても、もちろん問題なく目的地へ連れて行ってくれる。マイルだって、予約した航空会社のものが付く。分かったうえで選ぶなら問題ないだろうが、一方でさまざまな弊害が生じるので留意すべきだ。

とくに日系か外資系かは、人によっては大きな違いになる。日本語が通じる安心感や、シートモニタで邦画や日本語字幕の映画を観られるメリットは、日系航空会社ならではだ。

またコードシェア便だと、搭乗手続きの場所が異なる点も間違いにつながりやすい。成田空港のようにターミナルが複数に分かれている場合、行き先を間違えると手痛いミスとなる。僕も、以前に大韓航空だと思って第1ターミナルへ行ったら、コードシェア便で運航はＪＡＬだったため、第2ターミナルまで移動する羽目に陥った経験がある。期せずしてＪＡＬに乗れたので結果オーライではあったが、時間ぎりぎりだと大変なことにもなる。

同様に便の選択画面で気にかけたいポイントとしては、同じ航空会社の同じ路線でも、便によって機材が異なる点が挙げられる。機材なんて何でも構わないとは思いつつ、少しでも快適なほうがいいのも確かだったりする。

たとえば、ＡＮＡの羽田―フランクフルト線には、話題の新型機Ｂ７８７が就航しているが、当初はすべての便がＢ７８７ではなかった。予約の際に機材の種別が表示されるので、それを見て間違いのないように選ばなければならない。片道10時間以上の長距離フライトであるし、せっかくこの路線に搭乗するならＢ７８７のほうがベターだろう。

あとは座席指定。ＰＥＸ運賃であれば、事前にサイト上から座席を指定できる航空会社も多い。アメリカ系やヨーロッパ系なら、格安航空券でも指定可能な場合がある。

機内のシート配列にもよるが、3席並びの真ん中などは明らかに外れ席で、最低でも窓側か通路側を希望したい。窓側、通路側だとしても前列や後列、端のブロックか中央ブロックかなど細かな違いがある。非常口前の座席のように、足を伸ばせる当たり席の存在も見逃せない。非常口前は、事前指定の段階ではブロックされていて選べなかったりもするが、もし空いていたら迷わず選択したい。

万が一いい席が残っていないとしても、あきらめるのは早い。直前になると航空会社が調整を行うことがあるので、出発前日に再度チェックしてみよう。

それでも空席がないときや、事前座席指定ができない航空券の場合には、当日早めに空港へ向かうようにする。2時間前チェックインが基本だが、ケースバイケースでそれより早くカウンターが開くことも珍しくない。団体ツアー客などは3時間前集合なので、それを目安にすると乗り遅れないで済むかもしれない。

座席がどこなのかは、旅の快適度に直結する。限られた座席なのだから、貪欲に狙っていきたいところだ。

外資系の航空会社で、その航空会社のサイト上から予約／発券した場合に要注意なのだが、予約に使用したクレジットカードは必ず持参したい。チェックイン時に提示を求められることがあるのだ。

僕は以前、これで手痛い失敗をした。きちんと予約は入っているのに、カードを持っていないせいで搭乗を拒否され、その場で航空券を買い直す羽目になったのだ。なお、ＡＮＡやＪＡＬではカードの提示を求められたことはない。

もっと細かい点まで述べるなら、予約の際の名前のスペルはくれぐれも間違えないようにしたい。あえて言うまでもないかもしれないが、意外なほどどこの手のトラブルは起こっているようだ。

ウェブでの予約が主流となり、名前を旅行者が自分で入力するのが一般的になってきたことも背景にあるのだろう。1字違うだけでも、搭乗できない恐れがある。仮に旅行会社に手配を頼んだとしても、担当者が打ち間違えるという信じがたいミスが絶対ないとは言い切れない。自分が間違えたわけではなくても、空港でトラブルになるのは必至だし、困るのは旅行者自身である。

第三章　もう一歩進んで旅づくり

成田や羽田以外の空港から出発する

前章の話は、わりと初歩的な内容である。人によっては、いまさら感のあるものばかりかもしれない。そこで本章では、もう少し突っ込んで航空券予約について研究してみたい。中上級者編とでも言えるだろうか。

まずは、どうしても行きたいけれど空席がない。もしくは席はあるが、航空券が高すぎるという場合。日にちをずらすのが最も有効な手だが、日程ありきだとそうもいかない。暦以外の休みが取れない人や、目的地でお祭りなど特定のイベントがあるようなケースでは困ってしまう。

早めに予約アクションさえ起こしていれば万事解決なのだが、出遅れてしまったらどうするか。あきらめるのはまだ早い。悪あがきをする余地はある。

行き先にもよるが、僕が真っ先にトライするのが、出発地を変えての検索だ。関東在住者だと、成田や羽田以外の空港から出る便、関空や中部、福岡などである。運がよければ、まだ安い席が残っていることがあるのだ。

関東からそれらの都市の空港まで移動する旅費が上乗せされるが、トータルしても結果的に安くつく可能性がある。それに、都心から遠く離れた成田まで行くことを考えると、羽田から国内線で移動してすぐに乗り継ぎできれば、むしろ時間のロスなくスムーズに行けたりもする。

またその際、必ずしも関空や中部から往復で買う必要はない。行きか帰りのどちらかだけ関東以外の空港を発着とし、片方を成田や羽田にすると席が取れることがけっこうあるのだ。大手航空会社のＰＥＸ運賃なら、出発と帰着の空港が違っても、余分な運賃を取られないことも多い。片道だけなら国内移動分の旅費もだいぶ抑えられるだろう。

地方空港利用という奥の手

さらに言うと、関東在住者であれば、静岡空港という選択肢もある。静岡空港からは国際線として韓国や台湾、中国行きの便がある。東京駅から静岡駅まで新幹線で約1時間半、そこから空港までバスが出ている。

もう少し遠いところでは、仙台空港からも韓国や中国、台湾行きの便がある。LCCの春秋航空のみだが、茨城空港からでも日本を脱出できる。遠回りになるとしても、奥の手として頭の片隅に置いておいて損はない。

静岡空港に限らず、ソウルや台北へは地方都市の小さな空港からも数多くの便が出ている。目的地は別の場所だったとしても、いったんソウルや台北へ出て、そこから以遠路線に乗り換えるのは不思議なことではない。実際、地方在住者が海外へ行く場合には、成田や羽田ではなく、ソウルをハブにしてルートを組むのも一般化している。

前章で紹介したスカイスキャナーでは、具体的な出発地の指定なしで、「日本発」という曖昧な条件での検索も行える。日本国内の各空港からその目的地までの航空券を一発で比較できるのだ。「成田発より関空発のほうが数万円安い」などということが簡単に調べられる。困ったときにはぜひチェックしてみてほしい。

国内線へのLCC就航が始まったことで、国内移動の費用負担が軽減されつつある。LC

Cをうまく併用すれば、地方空港を経由して海外へ行くのも身近になるだろう。外国への玄関口は一つではない。急がば回れ、なのである。

あえて遠回りする酔狂な旅

首都圏以外の空港から出発した実体験を、一つ紹介したい。バンコク旅行の話だ。

バンコクへは成田や羽田に加え、関空、中部、福岡からタイ国際航空が直行便を飛ばしている（2012年10月からは新千歳便も就航）。同じ日取りで検索してみたところ、成田と羽田発着が7万6650円、関空発着が7万6760円、中部発着が5万6610円、福岡発着が7万5055円だった（税金や燃油代込み）。

ほかは横並びだが、2万5000円もの大きな金額差をつけ中部発着だけ図抜けて安かったのだ（ほかの航空会社も調べたが、たとえばANAだと成田発で約8万8000円もし、論外だった）。

東京から名古屋まで新幹線で往復してもお釣りがくるほどだが、ここで僕はさらに一計を案じた。名古屋までの移動費を節約できないか――。

ANAのマイルを使って国内線の特典航空券を発券することにした。中部空港へタダで移

図2　マイル特典を併用して遠回りする

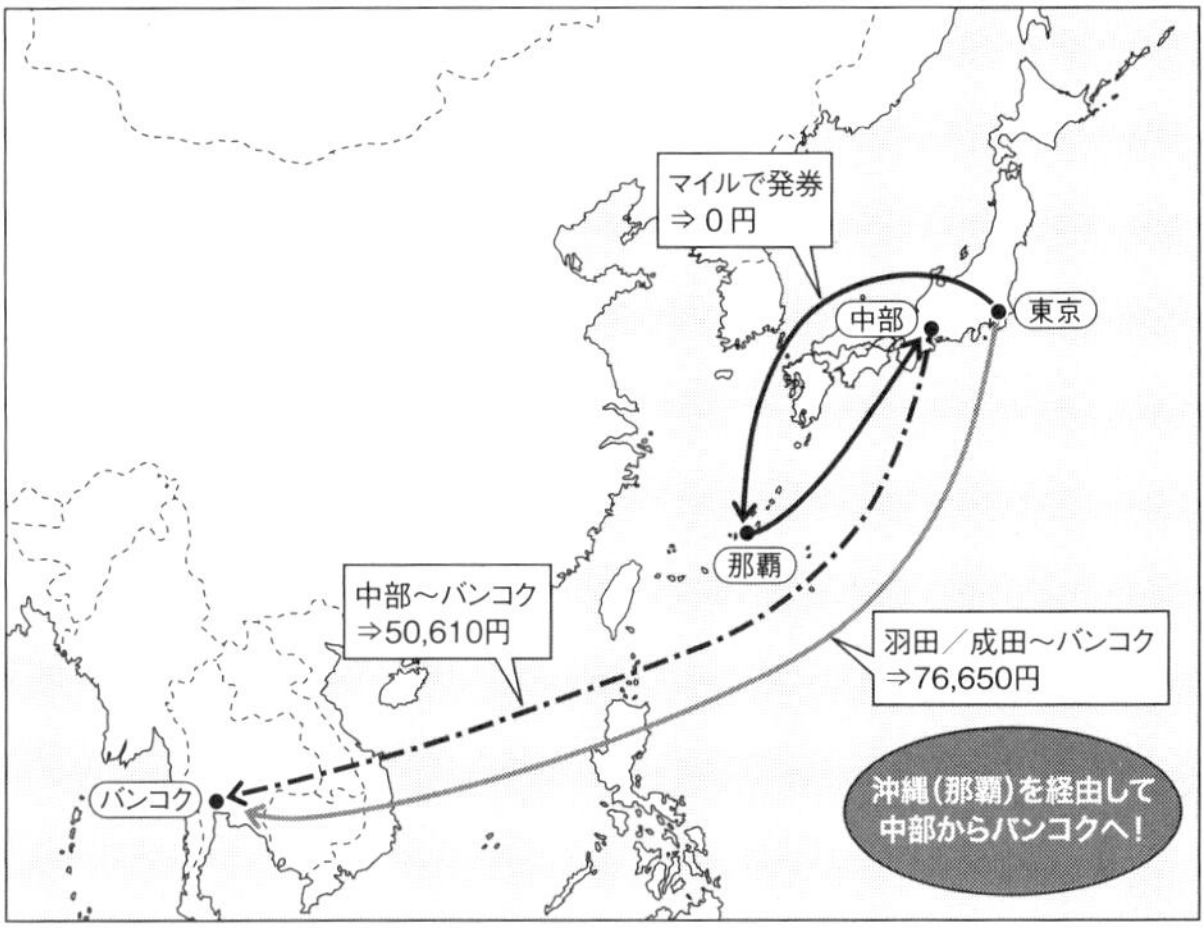

動する作戦なのだが、羽田から中部空港への便はない。どうしたかというと、沖縄を経由したのである。

国内線の特典航空券は2区間をセットで発券できるが、同じ路線を往復しなくてもいい。羽田―那覇と、那覇―中部という組み合わせである。バンコクへ行く前に沖縄旅行も楽しめて一石二鳥というわけだ。このときはたまたま沖縄に所用があったので、むしろちょうどよかった。

国内部分の移動費は、バンコクから戻ってきて名古屋から東京まで帰るぶんだけで済んだ。アクロバティックなルートではあるが、実際不可能ではないし、やり方次第では十分に実用的だろう。

とはいえ、2万5000円程度の金額差なら、無理をするほどでもないかもしれない。もう数年前のことだが、同じくバンコク路線でどうしても首都圏発の航空券が取れないことがあった。出発間際の予約、しかも連休だったせいで軒並み10万円を超えていて、とてもじゃないが手が出せないほどの高額ぶりだった。

そこで、僕はまず広島へ飛んだ。バンコクエアウェイズが広島からバンコク行きの直行便を運航しており、金額も5万円程度だったからだ。広島まではやはり特典航空券で、タダで移動した。残念ながらその後バンコクエアウェイズは日本路線を運休してしまったが、困ったときは地方空港も視野に入れればよいという教訓を得たのだった。

一方で、さらなる荒技もある。

東京から大阪へ行ったときのことだ。その旅の帰りの話である。

僕は新大阪駅でも伊丹空港でもなく、関空へ向かった。関空からは羽田や成田への便もあるが、乗ったのは国際線。エアプサンというLCCに予約を入れていた。関空から釜山《プサン》へ飛び、復路は釜山から成田というルートで発券してあったのだ。

総額は2万5000円。大阪から東京までの移動は、新幹線だと片道1万5000円程度、飛行機でも便によるがだいたい同じぐらいかかる。つまり、1万円プラスすれば韓国に行け

図3　大阪出張ついでに海外旅行

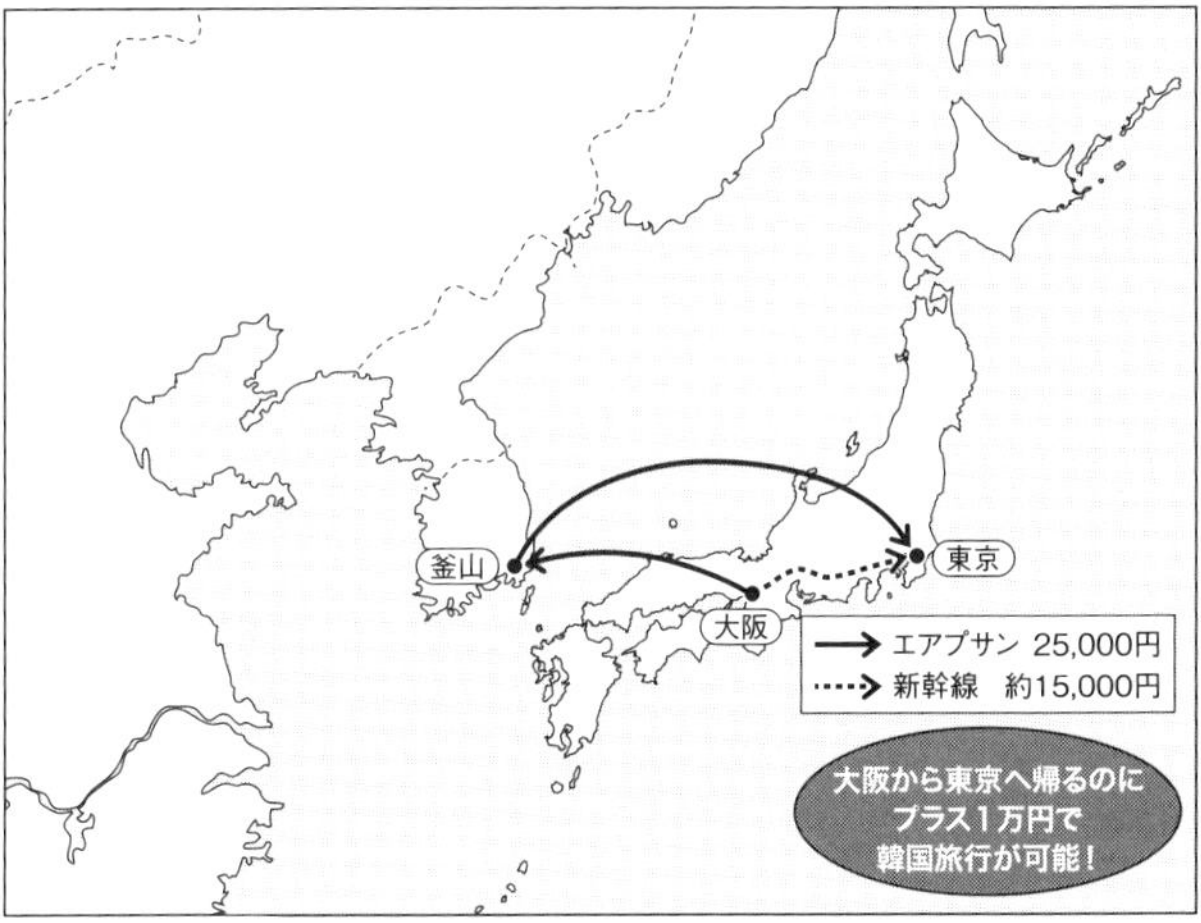

てしまうのだ。関空から釜山まではわずか1時間強のフライトであるから、外国とはいえ国内旅行の延長のノリで訪問できる。

我ながら酔狂な旅だと呆れるが、別口で韓国へ行くことを考えると、かなりお得感があるルートだったのは事実だ。

関空には魅力的なＬＣＣが多数就航していて、関東に住む者からするとうらやましい限りである。ＬＣＣは価格の安さに加え、片道から購入できる自由度の高さも見逃せない。組み合わせ次第で、旅づくりの可能性が広がる。柔軟な発想で臨みたいところだ。

ソウル発着の路線を有効活用

意外な路線の活用に関してさらに踏み込む

と、ソウルを経由するルートはとくに奥深い。日本からは直行便がないような比較的マニアックな都市への便が、これでもかというぐらい充実しているのだ。

チェックすべきなのは、韓国の航空会社である大韓航空とアシアナ航空だ。とくに大韓航空のほうは、興味深い就航先が多い。たとえば僕は、大韓航空を使ってイスラエルのテルアビブへ行ったことがある。テルアビブまではヨーロッパを経由する行き方がメジャーだが、ソウルからだと時間を大幅に短縮できる。

ほかにも大韓航空は、チェコのプラハやケニアのナイロビ、ベトナムのダナン、パラオなどへの便がある。一方でアシアナ航空の意外な路線としては、かの有名なアンコール遺跡のあるカンボジアのシェムリアップや、カザフスタンのアルマティ、フィリピンのクラーク（マニラ郊外の第二空港）などへ飛んでいる。

ソウルに限らず、台北や香港、上海、北京といった東アジアの主要都市からも珍しいルートを組めたりする。とくに穴場なのは北京で、例としては中国国際航空がプーケットへの直行便を出している。第三国の、首都ではないリゾートへ一気に入れるルートは貴重だろう。

ただし、日本から乗り継いで行くことを考えると、アクセスのよいソウル経由が最も魅力的かもしれない。とくにハイシーズンは、ソウル経由のうま味が大きくなる。

ゴールデンウィークやシルバーウィークといった航空券代が高騰する時期は、日本固有のものであり、他国は関係ない。つまり日本を出てしまえば、そこから先の航空券は適正価格になる。

どういうことかと言うと、日本を出る航空券と、その先の航空券を別々に手配するのだ。肝心の日本を出る航空券が高額だが、元々の価格が手頃なソウルまでなら、割り増し料金も最も安い部類である。ソウルまでなら、近頃はＬＣＣも続々と就航している。いずれにしろ、急がば回れなのである。必ずしも、日本からのルートに固執する必要はないのだ。

リピーターにオススメの海外発券

ソウルから先の航空券を別に手配すると書いたが、これは要するに、「海外発券」と呼ばれる手法だ。ネットが普及する前から一部の旅マニアの間では知られていたが、ネットのおかげで一気に身近なものとなった。

海外発券の魅力は、日本だけがハイシーズンの際に割り増し料金を払わないで済むことに加え、平時であっても、日本で買うよりお得な航空券が手に入る点がよく語られる。とはいえ、近頃は日本で売られている航空券も総じてかなり安くなっており、海外発券のありがたみは薄れつつはある。

金額自体は同等でも、日本発券の安価な航空券だと、予約クラスが低く設定されている。よく旅に行く人だと、貯まったマイルやポイントを使って無料で座席をアップグレードできるのだが、予約クラスが低いとそれができないのだ。そのため、アップグレード可能な高い予約クラスの航空券を入手するためには、海外発券が視野に入ってくる。

また、特定の渡航先があるリピーターにとっても、海外発券は意義のあるものだろう。僕自身もまさにそうで、繰り返し訪れているバンコクへは、日本発ではなくバンコク発の航空券で行ったり来たりしている。現在利用しているのは、ユナイテッド航空のバンコク発成田行き、1年FIX OPENの往復チケットだ。

日本で売られている航空券はFIXチケットが主流であるが、世界的に見るとOPENチケットも珍しくない。復路の日程まで決めて発券するFIXチケットに対し、OPENチケットでは帰路の日程を往路出発後に指定できる。FIX OPENというのはその中間的な存在で、発券時に復路日程を決める必要はあるが、出発後に変更可能なものを指す。

OPENチケットやFIX OPENチケットであれば、いざという場合にスケジュール

図4　バンコクをリピート訪問するための海外発券ループ

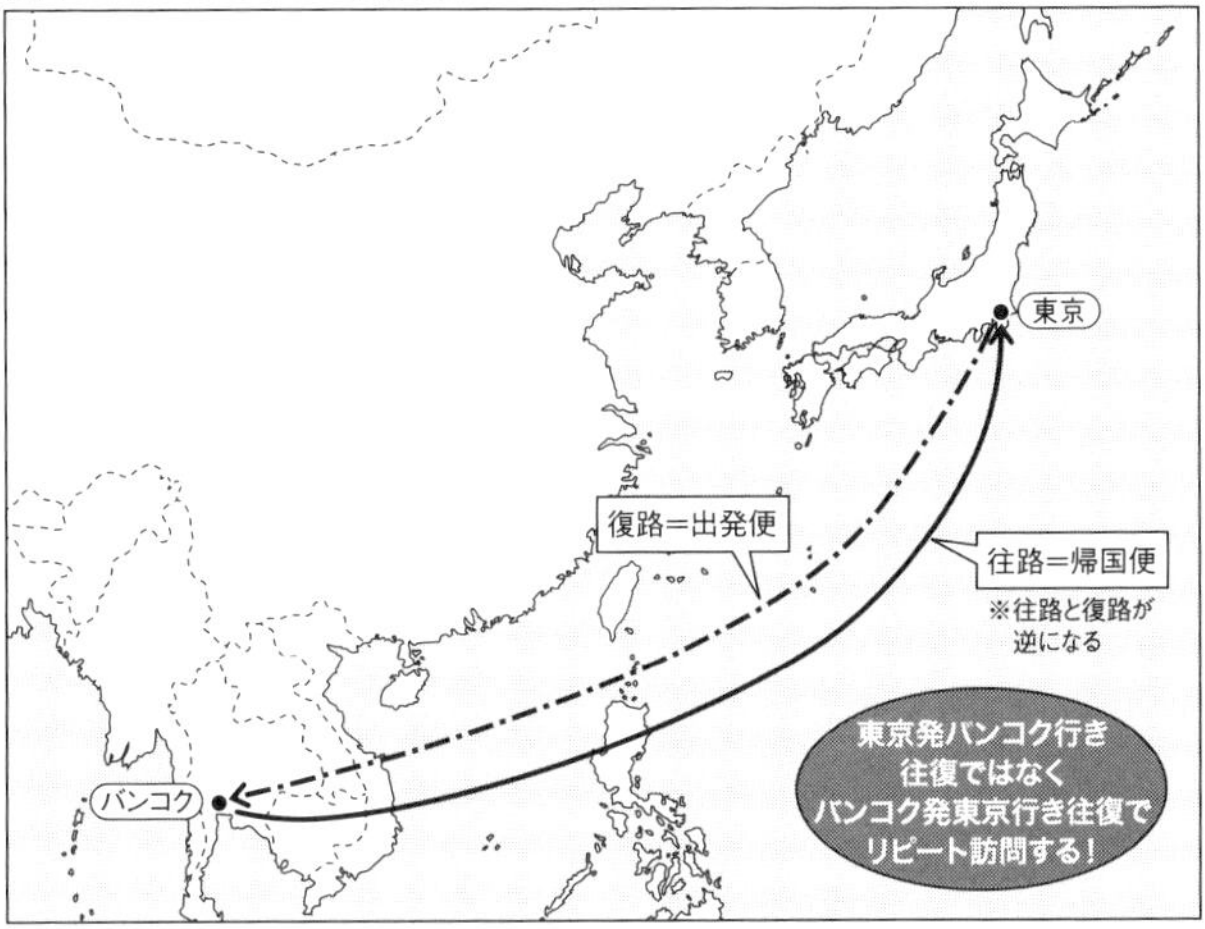
東京
復路＝出発便
往路＝帰国便
※往路と復路が逆になる
東京発バンコク行き往復ではなくバンコク発東京行き往復でリピート訪問する！
バンコク

の変更が自在なのだ。日本で買える航空券はＦＩＸのものが主流であり、ならばと海外発券が視野に入ってくる。

起点が日本ではなくバンコクのため、往路と復路が逆になる点にも着目してほしい。ここでいう復路とは、成田発バンコク行きの便を指す。つまり航空券上では復路だが、実質的には日本を出発する便となる。空席さえあれば、好きなときにバンコクへ行けるというわけだ。

予定が決まったら、バンコクから日本へ戻る便を再び往復の形で海外発券する。これをずっと続けると、効率よくお得にバンコクをリピート訪問できるのだ。

燃油代の相場によっても多少の変動はある

が、そのユナイテッド航空のチケットは諸費用込みで5～6万円である。ゴールデンウィークだろうが年末年始だろうが、金額は変わらない。しかも有効期間が1年と長いのがポイントだ。海外発券でも、安いOPENチケットだと有効期間が1カ月や2カ月といった短いものが多く、さすがに使い勝手が悪いのだが、1年もあるなら話は別だ。

このループを始めるには、最初に起点となる都市まで何らかの手段で行く必要がある。かつては片道チケットは割高だったが、いまならLCCを駆使すると、格安で片道だけのルートも組める。バンコクまで行くなら、エアアジアXのクアラルンプール経由で、安い時期には1万円台から可能だ。

ここではバンコクを例に紹介したが、もちろんほかの都市でも応用可能である。頻繁に訪れるお気に入りの都市があるなら、海外発券を検討するのもオススメだ。

以前なら、海外発券をするには発券地まで実際に足を運ぶ必要があったが、それももう過去の話だ。日本にいながらにして、パソコンやスマートフォン上で予約／発券が完了する。ユナイテッド航空のそのチケットも、ユナイテッド航空のサイト上で日本語で簡単に購入できてしまう。単に航空券上の出発地が日本ではないだけであり、もはや海外発券などと呼ぶ必要さえないのかもしれない。

キャンセル待ちから脱出しよう

いろいろと試行錯誤しても、どうしても適当な航空券が見つからないこともある。割高なのを承知のうえで、少々高めのもので妥協するのも一つの手だろう。

ただ、出発までまだ余裕があるのであれば、僕は最後まであきらめない。

飛行機の空席状況は流動的である。思うように座席を確保できないときは、少し様子を見るとよい。何日か経ってから再度検索すると、満席だったはずの便でもけっこう空席が出てくる。誰かがキャンセルしたり、航空会社が座席調整したりした結果だが、いずれにしろチャンスは到来する。

粘り強く待ち続けるのがコツだ。それこそ、毎日でも検索してみてほしい。すっかりあきらめていたら、ある日突然ポンと空席が出てきて、ゾクゾクさせられる。運よく空席が出たとしても、1席や2席だけだったりするので、見つけたら迷わずに予約を入れたい。

とはいえ、いつ出てくるかも分からない空席を待ち続けるのは根気がいる。そこで、一つ小技を紹介しておこう。

格安航空券やツアーでは、発券期限が定められている。客の目線から考えると、入金期限と言い換えてもいい。まずは予約を入れ、定められた期限までにお金を支払う。期限までに入金しないと、予約はキャンセルされるというわけだ。このことを逆手に取るのだ。期限までに入金されず、キャンセルとなる予約が必ず出てくる。キャンセルが多く出れば、それだけ空席が出現する。それを狙うのである。ツアーに関していえば、一般的には出発30日前、ピーク期は40日前からキャンセル料が発生するため、その頃を目安に再度予約を試みるとよいだろう。

ところでいま、このキャンセル料発生時期を前倒ししようとする動きが業界内で進行中なのをご存じだろうか。30日前ではなく、90日前に見直す要望書を日本旅行業協会（JATA）が観光庁に提出し、このことを巡って議論が紛糾している。

現行制度だと、30日前から3日前のキャンセルは20パーセント以内のチャージが発生するのだが、新制度になると90日前から41日前のキャンセルでも10パーセント以内のチャージが必要になる。いままで以上に早くから旅行日程を確定させなければならなくなるため、客にとってかなり不利な条件になるのは明らかだ。

率直な話、3カ月も前になど予定が決められない人も少なくないだろう。重要な変更であるにもかかわらず、一般的にはほとんどアナウンスされず、水面下で改悪されようとしている事実は知っておきたい。

予約クラスごとの空席状況を調べる

最も気になる空席の有無だが、突き詰めると、予約クラスごとの空き状況が気になり始める。航空会社から買うにしろ旅行会社から買うにしろ、料金を少し上乗せすれば空席が出てくる、なんて状況にしばしば遭遇する。これは要するに、安い予約クラスは満席だが、予約クラスを上げれば座席が確保できることを意味する。

予約クラスはアルファベット1文字で表される。エコノミーならY、ビジネスならC、ファーストならFが最も高い予約クラスになる。ビジネスやファーストはあまり細分化されていないが、エコノミーはYクラスの下にBやMなど無数の予約クラスが並んでいる。ちなみにアルファベット順ではない。ややこしいし、旅行者は通常あまり意識する必要はないのだが、特定の予約クラスの空席状況を知りたいというシチュエーションもなくはない。

旅行会社などが使用している端末上では、座席がどの予約クラスに該当するかが分かるようになっていて、指定した便の各予約クラスごとの残席状況も調べられる。これと同じような検索ができないか——。

図5　予約クラスごとの空席状況

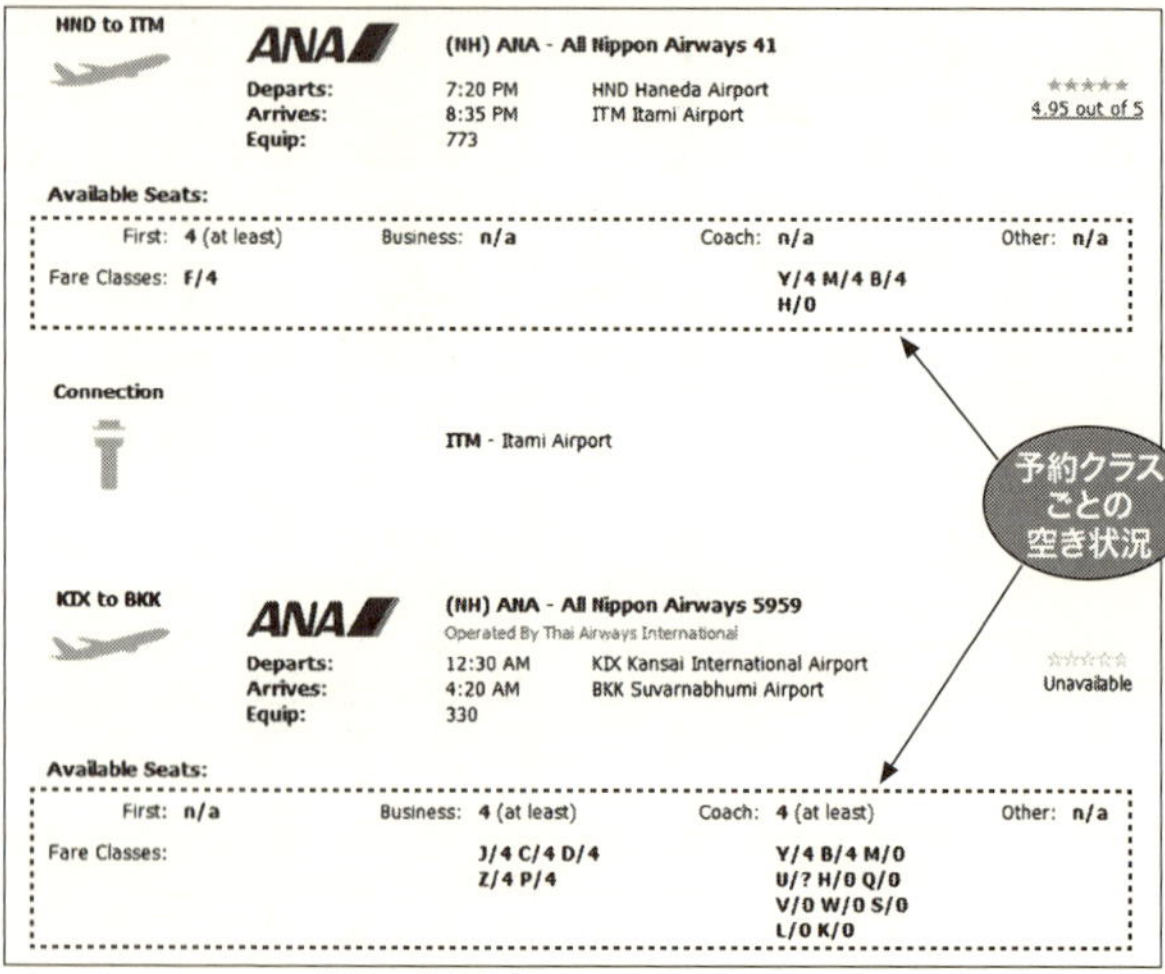

Flight Stats ホームページをもとに資料作成

できるのである。海外サイトを探すと、その機能を持ったところが見つかる。僕が利用しているのは「Flight Stats」というサイトだ。「FLIGHTS」メニューから「Flight Availability」を選択すると、検索画面になる。あとは出発地と目的地、日にちを入力して検索するだけだ。表示された結果の詳細を開くと、「B／9 M／5 H／1……」などと表示される。アルファベットが予約クラスで、数字がその残席数を表している。

上級者の中には、この予約クラスごとの空き状況を調べて、座席がアップグレードされる可能性を予想する者もいると聞く。

エコノミーの空席がほとんどなく、ビジネスに空きがある場合、エコノミーの客をビジネスに移して捌《さば》くことがある。インボランタリー・アップグレード、俗に「インボラ」と呼ばれる、航空会社都合による無償アップグレードだ。

「本日はエコノミークラスのお座席が満席でして、ビジネスクラスのほうにお移りいただけませんか？」

などと、搭乗手続きの際に訊かれる。もちろん答えは「喜んで！」だ。口元がにやつくのをこらえるのに必死になるほど、うれしい申し出である。

航空会社は、キャンセル客を見越して本来の座席数よりも多めに予約を取るのが日常茶飯事で、キャンセル客が出ないと座席が足りなくなる。オーバーブッキングというやつだ。そんなときに高めの予約クラスで予約していると、インボラでアップグレードされる可能性が出てくる。

出発前日などに、自分が乗る便の空き状況を調べ、満席に近い状態だとチャンス到来。そういう上級者はたいてい航空会社の上級会員だったりするので、元々のステータス、つまり優先順位も高い。「明日はビジネスクラスに乗れるかも」などと皮算用が頭をもたげ、ほくそ笑むのかもしれない。

金額ありきならとことん格安狙いで

ここまでは、基本的には日程ありきの旅づくりに関するものだ。一方で、ある程度日程の調整が可能なら、選択の幅はさらに広がる。繰り返し書いているように、まったく同じ内容の旅行商品でも、日にちをずらすだけで金額が大きく違ってくる。金額ありきで選べる余地があるのなら、徹底的に安いものを狙いたい。

その際に大切なのは、情報だ。むやみに検索するよりも、日々の生活でアンテナを張っておいて、お得情報を見つけたらそれに飛びつく。突如として強力なキャンペーンが実施されたりするので、それを逃さないようにするのだ。

耳より情報に出合えたなら、キャンペーンの開始日時をスケジュールとして手帳などに書き入れてしまうのがポイントだ。そうでもしないと忘れてしまいがちである。すぐに始まるものならともかく、1週間後に発売開始とかだと、ハッと気がついたときには出遅れていた、なんてこともある。お得度が高ければ高いほど争奪戦になるので、キャンペーン開始と同時にアクセスするぐらいのマメさが求められる。

地味ではあるが、情報収集に最も有効なのは、旅行会社や航空会社の発行するメールマガジンだろうか。毎日のように送ってくる会社もあり、少々うっとうしくもあるのだが、欠かさずチェックしていると驚くような価格のものにありつけることがある。

ツイッターでそういった会社のアカウントをフォローするのも手だが、不特定多数に配信されるツイッターよりも、特定顧客を狙い撃ちにするメールマガジンのほうが情報の濃さでは優れているように感じる。フェイスブックでお得情報を発信する会社も増えてきた。いずれにしろ、そういった情報が常に入ってくる仕組みを整えておくのは意味のあることだ。

個人旅行派としては、航空会社が独自に行っているキャンペーンにとくに注目したい。ANAやJALでは、毎年同じ時期に似た内容のキャンペーンが実施されたりするので、前年の実績からある程度の想像がつく。

また、新規就航や増便が決まったタイミングも狙い目だ。高い確率で記念キャンペーンが実施される。最近だと、ANAのシアトル便就航で3万9400円から、アメリカン航空のニューヨーク便再開で3万円から、などといったものが目を引いた。

ほかにも具体例を出すなら、カタール航空が実施している「シーズンズ・セレクション」というキャンペーンもある。季節ごとに特定路線が割り引きになるもので、直近だとアテネ行きやローマ行きなどが通常よりも大幅に安かった。

LCCのキャンペーン運賃は狙い甲斐がある。写真はピーチ航空

さらに、これはパッケージツアーだが、エア・タヒチ・ヌイがタヒチ観光局と一緒に開催していた「ディスカバーＴａｈｉｔｉキャンペーン」も、最安10万円以下で行ける割引率の高さが話題となった。タヒチはほかのリゾートと比べて旅行代金が高く、手が出にくい旅先なので、お得感がことさら際立って感じられた。

この手のキャンペーンの中でも、近年とりわけ注目度が高いのがＬＣＣだ。羽田就航を決めたエアアジアＸが、片道５０００円という驚きの運賃で注目を集めたのも記憶に新しいが、それ以降も新規就航でなくとも頻繁にセールが開催されている。

２０１２年に開催されたものだと、ジェットスター航空のオーストラリア各都市まで１円（諸税は別）や、エアプサンの釜山往復1万１１１１円などが気になった。半年以上前に予約を入れる必要があり、条件は厳しいものの、常識からすると考えられない激安ぶりだ。

ＬＣＣのキャンペーンも、多くはメールマガジンやフェイスブックで告知される。販売開始と同時にアクセスが殺到する人気ぶりで、連休がらみなどのいい日程の便となると秒殺だ。出遅れないためには、日頃からマメに情報収集したい。

「航空会社未定」をあえて選ぶ

格安な旅行商品を語るうえで避けては通れないのが、「航空会社未定」のもの。ツアーであれ航空券であれ、旅行会社のサイトなどで検索するとしばしばお目にかかれる。期間限定のキャンペーンとは違って日常的に販売されており、最安のものを選ぶとこれに当たるケースは実に多い。１円でも安く、という人なら、その金額は魅惑的なものに映るだろう。

航空会社未定とは読んで字のごとくで、航空会社が指定されていない商品を指す。入金が完了するまでは、どの航空会社になるか、どの便になるかが分からないのだ。航空会社にこだわりがないのであればよさそうに思えるが、安い商品には安いなりの理由がある。

行き先にもよるが、たとえば、台北往復９８００円の航空会社未定航空券があるとしよう。１万円を切るなら……などという皮算用が頭をよぎる。

未定ながら、候補としてはＪＡＬ、ＡＮＡ、チャイナエアライン、エバー航空、キャセイパシフィック航空のいずれか、などと記されていたりする。これは要するに、台北行きのフライトを飛ばしている航空会社の一覧そのままだ。仮に候補が記されていないとしても、フライトスケジュールを確認すれば容易に想像がつく。

人気があるのはＪＡＬやＡＮＡといった日系航空会社だろう。キャセイパシフィック航空もサービスの手厚さから支持率が高い。できれば日系、ダメならキャセイがいいな、などと都合のいい妄想をしてしまいがちだが、考えてもみてほしい。１万円以下の超激安運賃なのだ。人気がある航空会社が運よく当たる確率は……。

僕自身も、かつて航空会社未定の台北旅行に申し込んだことがある。結果、チャイナエアラインだった。それも、日本を午後に出発するもの。言うまでもなく午前便のほうが現地滞在時間が長くなるのだが、損なフライトに振り分けられても文句は言えなかった。なにせ、航空会社未定なのだから。

残念ながら、というか当然ながら、航空会社未定の商品は、多くは不人気＝不利な条件のものが回ってくる可能性が高い。ただし、商品によっては検討の余地はいくぶん残る。記載されている商品説明を深読みすると、未定商品の正体がつかめることがあるのだ。

まず注目ポイントは、燃油代の金額だ。同じ路線であっても、航空会社によって燃油代が変わってくる。具体的な燃油代は航空会社のサイトで発表されているので、乗り継ぎなしの直行便指定となっているなら、燃油代からある程度の察しがつく。

また、その路線を飛んでいる航空会社が少ない場合も分かりやすい。よく見かけるものだと、羽田発ロサンゼルス行きの航空会社未定商品（直行便）がある。同区間を結んでいるのはＡＮＡとデルタ航空の2社だけである。となると……。これ以上は書かなくてもよいだろう。羽田―ロサンゼルス直行便であれば、航空会社未定だとしてもあえて選ぶ価値はあると思う。

着目すべきは、やはりフライトスケジュールだ。羽田空港や成田空港のサイトから誰でも簡単に調べられる。ほかにも、同じ路線を飛んでいる航空会社数が多いとしても、「午前出発」や「午後出発」などと指定されている場合がある。「18～23時」と時間帯の目安が書かれていたりもする。これらの情報をもとにフライトスケジュールと照らし合わせれば、割り当てられる航空会社を絞り込めるだろう。

完璧に特定するのは難しいが、多少なりとも絞り込みの余地があるとなると、航空会社未定の商品を検討するのも悪くはない。深読みした予想が的中したら、しめたものだ。

第四章　羽田国際化以降の「週末海外！」

羽田国際化以降の週末海外

時間はないけれど、どうしても海外へ行きたいという人にとって、週末海外は現実的な選択肢だ。可能な範囲で、最善策を模索するというわけだ。

週末海外については、僕も過去の著書で散々書いてきたのだけれど、本章でも改めて整理してみたい。羽田空港の新国際線ターミナルが開業して定期便の就航が再開したり、ＬＣＣが続々と就航したことで、状況は少しずつ変化している。それら最新事情を踏まえたうえでの検証だ。

羽田空港の新国際線ターミナルは、鳴り物入りで登場したわりには施設としてのまずさが目立ち、利用者の間ではガッカリ感が取り沙汰されている。24時間運航を謳いながらも、ショップは早い時間に閉まるし、夜間に空港まで行く手段がタクシーや自家用車しかないなど、問題点が目に余るのだ。到着便が集中すると手荷物受取場が大混雑して、荷物が出てくるまで1時間以上待たされたりもする。

空港という施設に関していえば残念極まりないのだが、一方で、フライトの選択肢が増えたことは歓迎である。

特筆すべきなのが、深夜出発便が設けられた点だろう。東南アジア方面を中心に、日付が変わる前後に出発する便が多数用意されている。

これは、仕事帰りにそのまま海外へ行けることを意味する。機内で1泊すると、翌朝には現地に到着するので、限られた日数の旅でも滞在時間を長く確保できるのが大きなメリットである。

成田だけしかなかった時代には、深夜出発便はほぼ存在しなかった。だから多くの場合、金曜か月曜に休みを取り、土日と合わせて3日を確保し、午前便で出国。帰りは現地夜発で翌朝成田に着く深夜便があったので、それを利用するのが週末海外の王道パターンだった。

羽田の深夜出発便ができたことにより、金曜の仕事帰りに出発すれば、休みを取らずとも土日だけで十分に行って帰ってこられるようになった。帰りも空港から仕事に向かうとなると機内2泊で、体力的にはきついものの、やろうと思えば不可能ではない。物理的に不可能だった過去と比べれば、大きな前進なのだ。

週末海外の基本2パターン

週末海外のプランを考えるうえで核となるのは、この深夜便の有無である。前述したように、東南アジア地域、たとえばバンコク、シンガポールといった都市部であれば、深夜便が就航している。機内泊をうまく組み合わせることで、滞在時間を長く確保できるわけだ。

羽田や成田だけでなく、関空や中部にも深夜便は就航している。東南アジアへの週末海外であれば、行きか帰りの最低どちらか一方は深夜便にするのが、基本中の基本である。羽田なら、行きも帰りも深夜便にしてしまえばいいだろう。

一方で、東アジア地域だと深夜便は飛んでいない。韓国や台湾、香港、北京、上海などいわゆる近場はフライト時間が短いから、深夜便があったとしてもほとんど寝られないうちに現地に着いてしまう。東アジアへの週末海外となると、行きは朝に日本を出て、帰りは夜に日本に到着するパターンがベストだ。

要するに、深夜便を利用する東南アジアパターンと、深夜便を利用しない東アジアパターンの2種類に大別されるというわけだ。

個人的によりオススメなのは、前者である。韓国や台湾ぐらいなら、週末だけで行くとしてもそれほど意外性はない。ツアー商品を見ても、多くは2泊3日のスケジュールだし、わざわざ週末海外を謳うようなものでもないのだ。

翻って東南アジアまで週末で行って帰ってこられると言うと、驚かれることが多い。本当は東南アジアまで行きたいけれど時間がないので、近場の韓国や台湾で我慢していた、なんて人にとっては目からウロコなのだろう。

週末海外ツアーの落とし穴

とりわけ個人旅行のほうが、東南アジアのパターンを実現しやすい。特定の便、つまり深夜便を指定する必要があるからだ。ツアーだと、細かい便の指定までは行えなかったりする。どういうことか、詳しく触れておこう。

ブームの後押しを受け、旅行会社各社が週末海外を謳ったツアー商品を売り始めたことは序章で述べた。そのこと自体はいい傾向だが、実際に利用することを前提で見てみると、注意を要する。週末ツアーのはずなのに、フライトの時間帯が明らかに週末海外向きではないものが紛れているのだ。

某大手旅行会社が販売する、プーケット週末旅行のツアーを例にとる。羽田発着で金曜日に出発する3日間のツアーで、金曜だけ休めば行けるのをウリにしている。料金的には6月で7万円台、7月だと8万~10万円前後と、安くはないがまあ妥当な金額だ。

チェックすべきはスケジュールである。行きは羽田を金曜早朝に出発し、シンガポールで乗り継ぎ、夕方頃にプーケットに到着する。帰りは日曜の午前10時頃にプーケットを出て、23時頃に羽田へ帰国……あれ？　これだと丸1日使えるのは土曜だけで、金曜と日曜は移動日で終わってしまう。いくらなんでも、もったいなさすぎる。

同じ日程で同様にプーケットへ週末海外するとして、僕ならそんなスケジュールは絶対に組まない。せっかく羽田から出発するのなら、行きも帰りも深夜便である。木曜の仕事帰りに出発して、月曜の朝日本へ戻ってくればいい。金曜と土曜の2日間を丸々使えて、日曜も夕方頃に現地を出れば、月曜の仕事に余裕で間に合う。滞在時間を比べたら、24時間以上もの差が生じるのだ。

また、一人旅派にとってもツアーは敬遠しがちになる。週末海外ツアーでも、たいていの場合は2人からの参加となっており、一人だと追加料金を取られるのだ。これが大きなネックとなってしまう。

結局のところ、週末海外に関しては、やはりまだ個人旅行のほうが有利だと言わざるを得ない。もちろんツアーにもよりけりだが、客の利便性よりも販売側の都合で組まれた商品が紛れている現状に鑑みると、万人にオススメはできないだろう。多少なりとも知識があって、内容を理解したうえで割り切れる中上級者向きと言える。

早朝現地到着、さてどうする？

羽田発の深夜便ができたことで、週末海外がより身近になった。僕自身すでに何度も利用しているが、その利便性の高さの半面、見過ごせない難点も見えてきた。

一言で言えば、やはり体力勝負であり、根気勝負なのである。

行きも帰りも機内泊となると、さすがに楽チンではない。機内ではなるべく寝るようにし、無茶は控える。どこでも寝られるタイプならこの点はあまり心配する必要はないが、普通の旅よりも疲れが蓄積しやすいのは事実だ。

肉体的な疲労だけでなく、根気が続くかどうかも案外大きなポイントとなるような気がする。緊張の糸が切れてしまうと、前向きに旅に取り組めなくなる。要するにダレてしまうのだ。せっかく海外まで行くのだから、最後まで楽しく旅を続けられないと本末転倒だろう。

そういった懸念を少しでも取り除くためにも、強行軍とはいえ、できる限り快適な滞在となるように計画したい。

具体的にはホテルだ。これは、実は羽田深夜出発便の隠れた弱点ではないかと睨んでいるのだが、現地到着が朝早いと、ホテルをどうするかという問題が生じる。ケースバイケースだが、海外のホテルだと14時以降がチェックインとなっているところが一般的だ。つまり、到着したその足でチェックインできない。

ならば、とりあえず荷物だけフロントで預かってもらって、時間になるまで街をぶらぶらするという手が考えられる。というより、それしか手段はないのだが、率直に言ってチェックインできない状態はつらい。1〜2時間程度ならまだしも、朝7時などに到着していたら、半日は我慢を強いられるのである。荷解きをしつつリラックスし、なんなら軽くシャワーでも浴びて空の旅の疲れを取りたいのに……。

対策として、朝イチでもチェックインできるホテルを選ぶのがオススメだ。ホテルによっでは、アーリーチェックインのプランを用意しているところがある。

たとえそういったプランがないとしても、たとえば事前に電話やメールなどで事情を説明し、朝早くにチェックインできるか確認するといい。アジアのホテルはよくも悪くもゆるいところがあるので、本当はダメだけど特別にいいですよ、などとうれしい返事をもらえる可能性も実際にはけっこう高い。

予約サイト経由でホテルを予約するとしても、まずは直接ホテルに連絡を取り、OKかNGか確認する。若干の割り増し料金が必要だとしても、金額次第ではそれを払ってでもすぐにチェックインできるようにする。ささやかなようだが、すぐに部屋に入れるかどうかは、いざ現地に行くと大きな違いなのだ。

羽田と成田をうまく使い分ける

羽田深夜便を利用する際に、ありがちとされている失敗がもう一つある。信じがたい話だが、出発の日付を間違えてしまう人が少なくないようなのだ。旅行会社や航空会社からも注意喚起の案内が出ているのをしばしば見かける。

たとえば、金曜の0時台に出る便に予約をしたとする。日付としては金曜だが、実質は木曜の夜に空港へ行かなければならない。ところが、「金曜の夜出発」などと思い込んでしまい、土曜の0時台に出る便と間違えてしまう。要するに、そういう勘違いだ。

笑えない失敗である。確かに、出発時間が0時台だったりすると紛らわしい。日付が変わったばかりの時間帯は曜日感覚が狂うのかもしれない。

ついでに書いておくと、これは週末海外に限らないが、とくに分かりにくいのはアメリカの航空会社の便だ。米国では0時台を「AM12時○分」と表記するのが習慣で、日本の時間感覚で接すると頭がこんがらがりそうになる。

あと、勘違いしてほしくないのは、依然として成田も有力な選択肢には変わりないということ。都心から近い羽田は便利だし、深夜便も魅力的だ。けれど、あくまでも選択の幅が広がったと考えるに留めるべきで、ときと場合によっては成田も視野に入れる。

航空会社によっては、同じ路線で羽田発と成田発を両方飛ばしているケースもある。フライトの時間帯が違ったり、羽田便は満席だが成田便は空席があるなどするので、状況を見て使い分けるとよいだろう。ＰＥＸ運賃であれば、行きは羽田から出発して、帰りは成田へ戻ってくるなんて柔軟な組み合わせも可能だ。

なお多くの場合、同じ路線でも成田便より羽田便のほうが運賃が高めに設定されている点にも注目したい。予算を抑える目的で、あえて成田便にするのも一つの手だ。その際、都心から成田までの交通費がけっこうかさむので、そのぶんも考慮して比較検討するのは言うまでもない。

また、羽田便と成田便で機材が違うことがある。シンガポール航空は、エアバス社のA380という総2階建ての大型機を運航しているが、これは成田便のみ。より快適なA380をあえて選びたい、という理由で成田便を選ぶのもアリだ。

羽田、成田いずれの空港を利用するにしても、路線によっては毎日運航でないものもあるので、その点も気をつけたい。金曜は便がなくて土曜出発になるのなら、月曜を休みにする、といった具合だ。

さらに見落としがちだが、週末海外のような短期旅行だと、最低滞在日数をクリアできているかも重要だ。航空券ごとに有効期間のルールが定められている。通常の海外旅行なら、どちらかといえば最長滞在日数のほうが関係してくるのだが、週末海外では逆に、現地に何日以上滞在しなければならないといった条件に縛られる。フライトスケジュール上は1泊2日で行ってこられそうでも、航空券のルールで不可能なことが案外あるのだ。

東南アジア

ここからは行き先別に週末海外のモデルケースについて考えてみる。いわば実践編である。金曜に休みを取って、土日と合わせて3日間を確保するパターンを想定し、オススメの利用便候補とフライトスケジュールをまとめていく。3連休だったり、金曜ではなく月曜に休みを取る形にアレンジしてもいいが、同じ便名でも曜日によってフライトスケジュールが違うことがあるので注意したい。行こうと思えばアジアなら1泊2日も可能だし、北米なら本当はあともう1日は欲しいところだが、とりあえず比較しやすいように、ここでは金土日の3日間を休むケースで統一する。

なお、データは2012年5月時のものである。金額は時期によって大きく変動するが、6月頃に出発するもので調べている。発着時刻は随時変更されるので、おおよその時間帯として見てほしい。料金は基本的には航空会社が販売するPEX運賃だ。料金目安には燃油代や税金などの諸費用を含む。これも同様に2012年5月時における金額を記載している。燃油代はかなり高い時期だったことも付け加えておく。

まずは東南アジア地域から見ていこう。

【バンコク】

おすすめ利用便候補　全日空
往路　金曜00：30羽田発→05：20バンコク着（NH173）
復路　日曜22：25バンコク発→月曜06：40羽田着（NH174）
料金目安　約5万9000円～

バンコク

個人的に、週末海外の黄金コースはバンコクだ。僕自身、もう数え切れない回数、訪れている。世界で最も心が安らぐ街だ。一番に持って来たのは依怙《えこ》贔屓《ひいき》でもあることは、あえて否定しない。

タイは物価が手頃だし、ご飯はおいしいし、人は優しく、気候もいい。それなりに刺激も付いて回るので、手軽に異国情緒を求めるには最適な旅先と言える。バンコクだけでなく、世界遺産のアユタヤやパタヤなどのビーチにも、少し欲張れば週末だけしかなくても余裕で足を延ばせる。

ＪＡＬも似たスケジュールで飛んでいるが、ＡＮＡのほうが復路の出発が遅いのでオススメ。タイ国際航空だと、復路の羽田行きが深夜便ではないのが残念だ。成田行きであれば深夜便もあるので、タイ国際航空を利用したいなら、行きを羽田、帰りを成田にするのも手だろう。

【シンガポール】
おすすめ利用便候補　シンガポール航空
往路　金曜00：30羽田発→06：20シンガポール着（ＳＱ６３３）
復路　日曜21：30シンガポール発→月曜05：15羽田着（ＳＱ６３６）
料金目安　約５万４０００円〜

東南アジアの中でいま最も注目されているのが、シンガポールだ。ハワイへ行くような感覚で、都市型のリゾートが楽しめるのが魅力だ。グルメやショッピングが充実しているのは言うまでもないし、カジノやテーマパークも誕生している。治安が日本以上にいい点も安心。ただし、物価はアジアの中では相対的に高めだ。とくにホテル代は、ほかの国よりもそれなりに予算を増やす必要がある。

　週末海外向けのフライトスケジュールは、バンコクとほぼ同様だ。シンガポール航空だけでなく、ＡＮＡやＪＡＬも往復ともほぼ同じ時間帯に便が出ているので、空席状況や料金次第ではそちらを選んでもよい。

シンガポール

【ホーチミンシティ】

おすすめ利用便候補　ベトナム航空

往路　金曜10：00成田発→14：00ホーチミンシティ着（ＶＮ３０１）

復路　月曜00：05ホーチミンシティ発→08：15成田着（ＶＮ３００）

料金目安　約６万２０００円～

　ベトナムは、かつては旅がしにくい国だった。しかしそれも昔話で、いまでは週末海外でも気軽に訪れることがで

ハノイ

きる。社会主義国として知られるが、ビザは撤廃され、入国カードすら廃止されている。日本からの便もますます充実してきた。雑貨や洋服などはハイセンスなものが多く、とくに女性に向いた旅先だと思う。ベトナム料理にもはずれが少ない。

　残念ながら羽田発着の便はないため、成田便を利用する。そうなると、往路は深夜便ではない。午前と午後の2便があるが、滞在時間を長くするためには午前便を選ぼう。復路は深夜便で帰国できる。ベトナム航空ではなくＡＮＡやＪＡＬだと、往路が午後便のみとなる。

　また、首都ハノイへも直行便があるので、ホーチミンシティではなくハノイを目的地にするのも面白い。同じ国なのに、両都市はガラリと雰囲気が異なる。気候や食文化などの違いにも興味が募る。どちらがいい悪いではなく、いずれの都市も同じくらいオススメしたい。

【クアラルンプール】

おすすめ利用便候補　エアアジアX
往路　木曜23：45羽田発→金曜06：10クアラルンプール着（D７５２３）
復路　日曜14：30クアラルンプール発→22：30羽田着（D７５２２）
料金目安　約３万４０００円〜

　マレーシアのクアラルンプールへは、羽田から唯一ＬＣＣの路線が出ている。エアアジア・グループの中長距離ブランドであるエアアジアXだ。運よくバーゲン航空券を入手できれば、諸費用込みで往復２万円台なんてこともある。予算を抑えて東南アジアを週末海外したいなら、現状では最有力候補地と言えるだろう。このエアアジアXは東京と東南アジアを結ぶ貴重なＬＣＣでもあり、クアラルンプールだけでなく、乗り継いでほかの街を目指すのにも便利だ。

クアラルンプール

　クアラルンプールは、都会ながら適度に間延びした雰囲気があって居心地がよい。マレー料理は日本人の味覚にも合うだろう。産油国のためタクシー代が安く、車を1台チャーターして郊外の観光地を巡るのも悪くない。世界遺産の古都マラッカあたりへも、日帰りでも余裕で足を延ばせる。

エアアジアXの羽田便は、残念ながら毎日運航はしていない。木曜深夜の便で発ち、日曜に羽田へ戻ってくるスケジュールが週末海外向きだろう。

【バリ（デンパサール）】

おすすめ利用便候補　ガルーダ・インドネシア航空

往路　金曜01：00羽田発→07：00デンパサール着（GA887）

復路　日曜15：00デンパサール発→23：30羽田着（GA886）

料金目安　約7万8000円～

バリといえば、日本人が訪れるリゾートの代名詞的存在だ。物価は安く、食べ物もおいしい。南国気分が盛り上がる雰囲気のいいホテルが揃っているので、好みに合った宿を選択できる。海だけでなく、バリヒンドゥー（バリ独自のヒンドゥー教文化）などのカルチャー面も大いに魅力で、「神々の島」などと呼ばれるだけのことはある。

東南アジアの中でも最南部に位置し、日本からは距離があるため短期だと訪れにくかったが、羽田にガルーダ・インドネシア航空が就航したことからグッと身近になった。往路は当然のように深夜便。復路は深夜便ではないものの、午後遅めの出発なので悪くはないスケジュールだ。

金曜（木曜夜の日付が変わった頃）に出発し、日曜に帰国するのが週末海外向きだろう。成田だと復路が深夜便なので、往路を羽田にしつつ、復路は成田にする作戦も有効だ。

ただし、東南アジアのほかの都市へ行くよりも、航空券代が総じて高額になる。予算を抑えたいなら、シンガポール航空などの乗り継ぎ便を利用するのも手だ（ただし、滞在時間は短くなる）。

バリ

東アジア

続いて東アジアの主要都市について見ていこう。前述したように、東アジアへの週末海外に関しては、深夜便は利用しない（香港便の復路など一部を除く）。よって、午前出発で夜に帰国するパターンを心がければ、滞在時間を長くすることができるだろう。

東南アジアと比べて距離は短いものの、深夜便がないせいで、場合によっては同じ日数の旅でも、東アジアのほうが現地滞在時間が短くなることがある。フライトスケジュールと照らし合わせながら、よく考えて計画したいところだ。

【ソウル（金浦《キンポ》）】
おすすめ利用便候補　アシアナ航空
往路　金曜09：00羽田発↓11：20金浦着（ＯＺ１０７５）
復路　日曜20：00金浦発↓21：55羽田着（ＯＺ１０８５）
料金目安　約４万７０００円～

韓国は、日本から最も近い外国である。フライト時間も短く、国内旅行の延長のノリで行って帰ってこられるため、依然として高い人気を誇る。ここ数年の韓流ブームなどの後押しもあり、ロケ地巡りや女子会など、訪れる目的も多様化している。

ソウルには仁川と金浦の2つの空港があり、羽田便の多くはより市内に近い金浦での発着だ。羽田―金浦便だけに絞っても航空会社は非常に多く、どれを選ぶか迷うところだ。

滞在時間をできるだけ長くする方針だと、最も長くなるのはＡＮＡの組み合わせのようだが、アシアナ航空との合計滞在時間差はわずか5分。ＡＮＡよりもアシアナ航空のほうが料金が安い傾向にあることを考慮し、ひとまずアシアナ航空をベストチョイスとしておく。

とはいえ、ケースバイケースだ。料金や空席状況次第で、そのつどベストフライトは変わる。それだけ幅広い可能性があるのだとも言えよう。

ソウル

【釜山】

おすすめ利用便候補　日本航空

往路　金曜10：00成田発→12：15釜山着（ＪＬ９５７）

復路　日曜14：00釜山発→16：00成田着（ＪＬ９５８）

料金目安　約３万５０００円～

韓国については、ソウルだけでなく釜山を目指すのも面白い。見どころがコンパクトにまとまっていて短期滞在向きだし、ソウルほど都会ではないので、心も安まる。中でも市場は必見で、港町ならではの魚市場では、ぜひ刺身を堪能したい。

ソウル行きと比べると、釜山行きの便はグッと少なくなる。しかも羽田からは出ていないので、成田を利用することになる。

おすすめ候補は、最も滞在時間が長くなるＪＡＬとしたが、実はこの路線にはＬＣＣのエアプサンが飛んでいる点にも注目だ。通常時でも３万円程度、キャンペーンだとなんと約１万円で往復できたりする。

スケジュールが往路午後、復路午前と週末向きではないが、飛行時間はわずかに２時間程度なので、たとえば半休などを組み合わせて調整すれば利用価値はあるだろう。

【台北（松山）】

おすすめ利用便候補　チャイナエアライン

往路　金曜07：10羽田発→10：00松山着（CI223）

復路　日曜18：15松山発→21：55羽田着（CI222）

料金目安　約4万円～

台湾は、中華的な文化が最も手軽に体験できる旅先だ。それでいて親日的な人たちが多く、都市部であれば日本語の通用度も高い。何より、人々が優しくて不快な思いをさせられることは滅多にないと、少なくとも僕は感じている。要するに、かなり居心地がよい国なのだ。

ソウル同様、台北にも2つの空港がある。羽田便を利用する場合には、より市内に近い松山空港への発着だ。本当

釜山

台北

にめちゃくちゃ近く、タクシーで10分で市の中心部に出られる。地下鉄も空港に乗り入れており、アクセスのよさは群を抜いている。

　週末台北ならば、滞在時間が長くなり、かつ料金が最も手頃なチャイナエアラインで決まりだろう。

ただし、往路が朝早すぎて、羽田へ行く交通手段がないという別の問題も生じる。僕もこのフライトを利用したことがあるが、結局マイカーで空港へ行かざるを得なかった。羽田近くのホテルに前泊する手もあるが、無駄な費用がかかるので、場合によってはあえて出発時間を遅らせてもよいかもしれない。

【香港】

おすすめ利用便候補　キャセイパシフィック航空

往路　金曜10：35羽田発↓14：25香港着（CX543）

復路　月曜01：00香港発↓06：00成田着（ＣＸ５２４）

料金目安　約６万６０００円～

　数ある東アジアの都市の中でも、僕にとって最も刺激的なのは香港だ。上海より洗練されていて、台北より雑然としている。イギリス領だった歴史が育んだ、東洋と西洋のミクスチャーの部分に大いに惹かれるものがある。中国の一部であって、そうではない独特の街。何度行っても飽きないのは、本質的な部分で旅人を引きつける何かがあるのだろう。

　以前だと、羽田から香港まではＡＮＡの往路深夜便があったのだが、あいにく運休してしまった。そこで、帰りをあえて成田着にすることで、キャセイパシフィック航空の深夜便を選ぶ。

　オススメモデルでは行きを羽田からにしたが、ＡＮＡなら往路も９時台成田発と、朝早い。往復便のいずれかに羽田便が含まれた場合、運賃はより高額になってしまうことに鑑み

香港

ると、往復ともに成田便にするのも手だ。

【上海（浦東）】

おすすめ利用便候補　中国国際航空

往路　金曜08：55成田発↓11：15浦東着（ＣＡ１５８）

復路　日曜17：05浦東発↓21：00成田着（ＣＡ１５７）

料金目安　約５万４０００円〜

【北京】

おすすめ利用便候補　中国国際航空

往路　金曜09：00成田発↓11：55北京着（ＣＡ４２２）

復路　日曜16：40北京着↓21：00成田着（ＣＡ４２１）

料金目安　約５万５０００円〜

中国を代表する２つの大都市、上海と北京。両都市への週末海外プランはほぼ似た内容になるため、ひとまとめにして紹介する。

いずれも羽田発着便があるが、週末海外ならば、スケジュール的に有利な成田発着便のほうがオススメだ。中国国際航空が、往復ともに両都市へ同じ時間帯に便を設定している。

上海には空港が2つあって、成田便だと浦東に到着する。もう一つの虹橋のほうが市内からは距離的に近いものの、浦東空港からだと最高時速300キロを誇る高速列車が利用でき、短時間で市内までアクセス可能なので、一概に不便とは言えない。

同じ中国とはいえ、上海と北京ではずいぶん違った印象を受けるだろう。具体的に特徴をあげるなら、多少なりとも西洋の薫《かお》りを求める都会派なら上海、より中国的なものを求めるなら北京といった感じだろうか。北京であれば、かの有名な万里の長城をはじめ、周辺に複数の世界遺産があるのも歴史好きには魅力だ。

北京

ヨーロッパ・北米

アジア以外はどうだろうか。羽田に国際線が就航したおかげで、ヨーロッパや北米への旅も3日間の休みがあれば不可能ではなくなった。ただし、やはりアジアと比べると遠いので、本音を言えば最低でもあと1日はプラスしたいところだ。

時差の問題があることも、アジアの旅とは勝手が異なる。とくに北米はかなりきつい。往路では出発時刻より到着時刻のほうが早い時間になるという、過去へタイムスリップしたような状況になる。復路はその逆で、ほとんど丸1日が消えたような錯覚がする。混乱しがちなので、目を皿のようにしてフライトスケジュールを眺め、何曜に出て何曜に着くのかを確認したほうがよいだろう。

とはいえ、どうしても休みが取れないという人にとっては、実現可能な選択肢ができただけでも歓迎すべきことだ。行かないで後悔するよりは、多少無理をしてでも、行って後悔したい。いや、行ったら行ったで、きっと後悔なんてしないとは思うが。

【パリ】

おすすめ利用便候補　日本航空

往路　金曜00：40羽田発→06：20パリ着（JL041）
復路　日曜11：00パリ発→月曜06：00羽田着（JL042）
料金目安　約10万円〜

【フランクフルト】
おすすめ利用便候補　全日空
往路　金曜01：00羽田発→06：10フランクフルト着（NH203）
復路　日曜11：55フランクフルト発→月曜06：20羽田着（NH204）
料金目安　約11万5000円〜

【ロンドン（ヒースロー）】
おすすめ利用便候補　ブリティッシュ・エアウェイズ
往路　金曜06：25羽田発→10：35ヒースロー着（BA008）
復路　日曜08：55ヒースロー発→月曜04：45羽田着（BA007）
料金目安　約11万8000円〜

パリ

羽田からヨーロッパへは、わずかに3路線しかない。２０１０年の開業当初はＪＡＬのパリ便1路線のみだったので、これでも改善されたのだが、アジア方面の充実ぶりと比較すると寂しい限りだ。期間に余裕があれば、乗り継いでヨーロッパ内のほかの都市を目指す手もあるが、３日間なら単純往復が無難だろうか。

ＪＡＬのパリ便、ＡＮＡのフランクフルト便は似通ったスケジュールになっている。往路は木曜の仕事帰りに羽田から出発し、現地には翌朝に到着。復路は日曜の午前中に出て、月曜早朝に戻ってくるパターンだ。これでも現地に2泊できるので、旅の仕方次第では十分に楽しめるだろう。なお、空港から市内までのアクセスに関しては、パリよりもフランクフルトのほうが近くて便利だ。

一方でブリティッシュ・エアウェイズのロンドン便は、パリ便やフランクフルト便よりもスケジュール的には若干不利だ。復路は大差ないが、往路が羽田を早朝に出発することになるので、この点をどう捉えるかだろう。出発2時間前の午前4時過ぎに羽田に着くためには、前夜のうちに来て待つか、空港近くのホテルに前泊するなどの工夫が必要になる。

これら3都市ならパリを推したい。エッフェル塔に凱旋門、ルーヴル美術館、ヴェルサイユ宮殿など、見どころの多さは随一だし、カフェやマルシェ（市場）巡りなど、楽しみ方も多彩だ。

【ハワイ（ホノルル）】
おすすめ利用便候補　ハワイアン航空
往路　木曜23：55羽田発→12：10ホノルル着（HA458）
復路　土曜18：50ホノルル発→日曜22：05羽田着（HA457）
料金目安　約10万6000円〜

【北米西海岸（ロサンゼルス）】
おすすめ利用便候補　デルタ航空
往路　金曜00：45羽田発→木曜19：10ロサンゼルス着（DL636）

ホノルル

復路　日曜01：10ロサンゼルス発→月曜05：00羽田着（DL635）

料金目安　約10万8000円～

羽田便を活用すれば、北米へも効率よくアクセスできる。ただし時差がきついので、人によってはヨーロッパへ行くよりも難易度が高いかもしれない。アメリカン航空のニューヨーク便などもあるが、3日間しかないのなら、ハワイや西海岸あたりが現実的なところだ。

ホノルル便、ロサンゼルス便に関しては往路出発時刻は深夜0時前後と、仕事帰りに出発できるのが魅力だ。時間をさかのぼる形で、ホノルルへは出発同日のお昼頃、ロサンゼルスへは夕刻に到着する。

この2路線の大きな違いは復路だ。ホノルル便では日曜の夜に羽田に着くのに対し、ロサンゼルス便では月曜早朝に到着する。ホノルルだと日曜夜には帰宅し、休んでから月曜の仕事を始められるというわけだ。

やはりオススメはホノルルのほうだ。ハワイはリピーターも多い。単なるリゾートではない、ハワイにしかない魅力が詰まっているからだろう。

なお、ホノルル便はＡＮＡとＪＡＬ、ロサンゼルス便はＡＮＡもそれぞれ就航している。時間帯もさほど変わりないので、状況を見て選択しよう。

第五章　単純往復ではない旅

周遊型の旅に挑戦してみる

旅の熱意はエスカレートするものである。一度その魅力にどっぷり浸かると、底なし沼のようにずぼずぼ奥深くまではまっていく。

最初のうちこそ、いわゆる定番スポットを手探り状態で巡ろうとするが、何度か旅するうちに自分の趣向が分かってきて、次はあそこへ行ってみたい、などと新しい憧れの対象が芽生えてくる。広い世界を行き尽くすなんてことはほとんど不可能で、それこそ一生をかけるだけの価値があるとさえ思う。

行き先だけではない。旅の仕方だってさまざまだ。飛行機で日本から目的地までを往復する、一般的な海外旅行の形にとらわれる必要はない。単純往復ではなく、一度に複数の土地を渡り歩くような旅も愛おしいもので、エスカレートしすぎた結果、放浪の旅に出る人が絶えないのは昔もいまも変わらないだろう。

放浪とまではいかないまでも、周遊型の旅が筆舌に尽くしがたい魅力を備えているのは間違いない。それは単純往復の旅とは明らかに違ったもので、旅に魅せられた者の心を蠱惑的《こわくてき》な力でぎゅっとわしづかみにする。

国が変わると、景色が変わる。連続性のある旅の中で変化を体験すると、自分が世界を旅している感覚をより味わえるのだ。

ＬＣＣなら周遊旅行もお手軽に

周遊型の旅行を組む際にとくに威力を発揮するのが、ＬＣＣである。破格の運賃ばかりが取り沙汰されているが、ＬＣＣの魅力は安さだけではない。注目したいのは、区間ごとに片道でも購入できる点だ。これまでの既存の航空会社では、片道の航空券なんてほとんど流通していなかった。片道で買えるなら、複数の場所を周遊するルートも自在に組める。

ＬＣＣの登場は、バックパッカーの世界でもパラダイムシフトとなったように感じる。アジアを放浪する、などというベタな旅において、かつては街から街への移動には長距離バスを利用するのが当たり前だった。ところが、長距離バスとさほど値段が変わらないＬＣＣが出てきたことで、陸路にこだわらない旅人の中にはＬＣＣを選ぶ者が急増しているのだ。

実際に、バックパッカーのハブとも言えるバンコクあたりを覗いてみると、そのことが腑に落ちる。エアアジアなどの、バンコクと周辺の東南アジア地域を結ぶ路線に搭乗すると、Ｔシャツに短パン、サンダルの、いかにもな雰囲気の若い旅行者が目につく。バックパッカーが集まる安宿街として知られるバンコクのカオサンや、ホーチミンシティのデタム通りなどには、エアアジアがオフィスを構えていたりもする。

たとえば、僕自身が体験した路線を一つ紹介すると、ホーチミンシティからシンガポール行きのライオンエアというＬＣＣでは、運賃がなんと9ドルだった。約７００円である。特別なプロモーションなどではなく、通常の価格だ。実際には空港税や燃油代などが別途取られるが、これは既存の航空会社でも変わらない。

もちろん、安い代わりにデメリットもいくつかある。遅延や欠航が多かったり、荷物を預けるのが有料だったり。僕は身長が１８０センチ以上と図体がでかいため、座席間隔が狭い点もとりわけ気になる。それら弱点を踏まえたうえで、割り切って有効活用するのだ。

何度も搭乗してみた結果、２〜３時間程度で行ける範囲がＬＣＣの適正距離かな、と僕は感じている。快適ではない機内で長すぎる時間を過ごすのも、率直に言ってしんどい。それに、薄利多売のＬＣＣのビジネスモデルでは、長距離路線はなかなか成立しにくい現状もある。北米と東アジアを結ぶ太平洋路線はいまだ存在しないし、アジアとヨーロッパを結んでいたＬＣＣの便は軒並み運休してしまった。

一方で、アジア内、ヨーロッパ内、北米内といった特定エリア内のＬＣＣ路線網は拡大を続けている。行き先にもよりけりだが、たとえば、日本から目的エリアのハブとなる都市までは既存の航空会社でアクセスし、エリア内の細かな移動をＬＣＣにするのは賢い使い方だろう。日本へ就航していない海外のＬＣＣであっても、いまはネットで予約／発券ができてしまう。

周遊型旅行に限らないがついでに書いておくと、ＬＣＣの恩恵が大きくなるタイミングに狙いを定めると、ありがたみが大きい。すなわち、ハイシーズンである。大型連休であっても、ＬＣＣは比較的安価な運賃が設定されている。

また、燃油代が高い時期も狙い目だ。ＬＣＣの多くは既存の航空会社より燃油代が安めで、中には燃油代を別途徴収しないＬＣＣもある。

逆にLCC向きではないのは、荷物が多いケースなど。LCCでは預け入れ荷物が有料なのはだいぶ知られてきたが、さらに言うと、けっこう高額なのだ。路線によっては運賃より高いことすらある。低運賃を荷物代でカバーする形で収益を上げているため仕方ないのだが、荷物が多い人だと、トータルでは既存の航空会社と金額的にたいして変わらなくなる。

3万5000円でアジア7カ国

2012年3月のことだ。僕はアジアを周遊する旅に出た。

初の日本のLCCとして就航を果たしたばかりのピーチ航空からスタートし、ジェットスター航空やエアアジアなど、アジアの空を席巻するLCCをとことん乗り継いで、合計7カ国を巡った。台湾、フィリピン、タイ、ベトナム、シンガポール、インドネシア、マレーシア。すべて片道切符で発券し、一筆書きのルートを組めたのは、自由に旅程を組み立てられるLCCの特性があってこそだった。

それでいて、かかった航空券代は計約3万5000円。ハッキリ言って安すぎる。空港税や燃油代、LCCならではの荷物代や座席指定料などが加わり、最終的には約6万5000円となったが、それでも既存の航空会社では考えられない激安ぶりだ。

かつてはバスの狭い座席で何時間も揺られ、陸路で国境を越える形で、それらアジアの国々を巡ったものだった。ＬＣＣは既存航空会社のエコノミークラスより座席が狭く、つい当時のつらいバス移動を思い出したりもしたが、座席の狭さ以外は格段に進化したように感じた。何よりも移動時間がグッと短縮できるのは、限られた日数で旅しなければならない身としてはありがたい。アジア内の移動であれば1〜2時間程度、長くてもせいぜい3時間だ。本を読んだり軽く居眠りしていると、気がついたらもう次の国である。忍耐を強いられることはないし、覚悟もいらない。

とはいえ、陸路を結ぶ旅よりもびゅんと一気に空を飛んでしまうほうがよい、というのとはちょっと違う。時間こそかかるものの、陸路の旅には陸路の旅ならではの魅力がある。自分の足で国境をまたぐ瞬間のあの興奮だって、捨てがたいのだ。

ＬＣＣではない既存の航空会社を使う周遊旅行も、応用次第では不可能ではない。数は限られるが、オープンジョーの航空券なんてものもある。

オープンジョーとは、往路と復路で発着地が異なる航空券のことだ。途中の区間は各自で移動することになるため、オープンジョーの航空券を使ってあえて陸路で旅するスタイルは、昔からよく知られる。

たとえば、人気があるのはバンコクとシンガポールを組み合わせた航空券などだろう。日本からバンコクへ飛び、陸路でマレー半島を縦断し、シンガポールから帰国する。行きをシンガポールに、帰りをバンコクにしてもいい。いずれにしろ一筆書きの周遊型ルートが組める利便性は、じっくり派の旅人のニーズに合致する。

ヨーロッパでも、周遊旅行の魅力を手軽に体験できる。国をまたぐ国際列車が多数走っており、乗り放題切符のような便利なものもある。国が密集しているヨーロッパだけに、回り方のバリエーションもさまざまで、各自の嗜好に合わせて自由にルートを組めるはずだ。オープンジョーの航空券でなくても、日本から到着する都市を起点としてぐるぐる行ったり来たりしても、回り方次第で時間的なロスは抑えられる。

アジアにしろヨーロッパにしろ、周遊型の旅行をするなら、陸路と空路をミックスするのもアリだ。景色を楽しみたい区間は列車に乗り、移動時間を短縮したい区間ではLCCを使う。旅の選択肢が増えたのは歓迎すべきことだと思う。

究極の周遊旅行、世界一周

周遊旅行の究極の形といえば——、世界一周であろう。

一生に一度は行きたいと誰しもが夢見るが、夢物語で終わらせるにはもったいない。世界一周についてもだいぶ知られるようにはなってきた。

かつては長旅といえば、なんとなくアジア放浪とか、沢木耕太郎が『深夜特急』で書いたようにユーラシア大陸を横断するなどのイメージが強かったが、近頃ではそれらが世界一周に取って代わられたようにも思える。

各地で日本人の旅人に出会うと、世界一周旅行中であることが多いのだ。誇張ではなく、現実にかなり多い。話を聞くたびに羨ましくなるほどで、長期旅行＝世界一周という考え方が広く浸透している印象を受ける。

夢のような旅だったはずの世界一周が現実的なものに変わった背景として、航空会社がアライアンスと呼ばれる連合を組み、周遊型の航空券を売り出したことがある。

その名も「世界一周航空券」。スターアライアンス、ワンワールド・アライアンス、スカイチームといった世界の３大アライアンスのいずれもが販売しており、最も安いもので30万円程度から購入できる。単純に30万円と聞くと安くはないが、なにせ世界一周である。

えっ、そんなもので行けちゃうの？　知らなかった人はたいてい驚く。そして、旅への情念が膨らんでしまった人は、本気で検討し始めるのだ。

もちろん航空券だけでなく、滞在費も必要となる。とはいえ、これも旅の仕方次第では、安く収めることは十分に可能だ。旅の期間が仮に1年とするなら、その予算は150万円程度だと言われている。安くはないが、非現実的なものでもないだろう。東京で1年暮らすよりも、ひょっとしたら安く済むような額かもしれない。

僕自身は、これまでに2度、世界一周を経験している。

最初の旅はいまから10年前、まだ20代だった頃だ。結婚を機に当時勤めていた会社を辞め、新婚旅行という名目で日本を出た。当初は1年程度で帰ってくるつもりだったが、なんだかんだで旅は長引き、結局607日間という長い旅になった。

かかった費用は、一人当たりだいたい230万円程度だった。基本は安宿を巡るスタイルだが、過剰に節約していたわけではない。それなりに見たいものを見て、食べたいものを食べて230万円。切り詰めればもっと安く済んだだろう。

とはいえ、おそらく本当にネックとなるのは、費用よりも時間の問題なのかもしれない。しっかりと世界を巡るなら、やはり仕事などのしがらみをいったんリセットし、少しでも長く旅の期間を確保したいところだ。世界一周航空券では、有効期間が1年と定められている。区切りもいいし、世界一周するなら1年がベストな期間に思える。

それだけの長い旅をするためには、会社勤めの者なら退職するしかないのも事実で、人生にかかわる大きな選択を迫られる。無責任なことは言えないけれど、僕自身は当時仕事を辞めたことにまったく後悔はなかった。

旅をとるか、仕事をとるか——。二者択一、究極の選択である。

そこまでストイックになれないのなら、妥協案としては1カ月程度、欲張って3カ月ぐらいならなんとかならないだろうか。たとえば、転職の合間を狙うなどだ。僕の周りでは、会社のリフレッシュ休暇制度を利用して、退職せずに1カ月で世界一周した人もいる。それでもハードルは高いだろうが、意地でも実現したいのなら、やりようはまったくないわけではない。少なくとも、世界一周にはそれだけの価値がある。

世界一周は最短10日から

僕の2度目の世界一周は、わずか12日間だった。会社を辞めずに世界一周は可能なのか、試してみたかった。9月のシルバーウィークに遅めの夏休みを加え、土日と合わせてぎりぎり捻出できたのが12日間だったのだ。ちょうどマイルが貯まっていたので、航空券はタダだったのがきっかけとなった。

期間こそ短いものの、内容はかなり密度の濃いものとなった。訪れた国は計10カ国である。ほとんど毎日のように飛行機に乗ることになるのだが、いざやってみると案外できるものだと感じた。ある意味、週末海外がとことんエスカレートした最終形態とも言えた。

世界一周航空券は有効期間が1年と書いたが、逆に最低滞在日数も決められている。10日間である。つまり、最短で10日あれば世界一周は可能なのだ。

理想を言えば1年、無理だとしても最低1カ月は欲しいが、どうしても休めないという人は10日から可能だ。ともかく、決して夢物語ではない。憧れだけで終わらせるのは惜しいと思う。

世界一周航空券の基本

では、何をもって世界一周とするのか。厳密な定義などないし、人によって捉え方はさまざまだろう。世界五大陸を一気にすべて回るのが世界一周と考える人もいるだろうし、世界の全部の国々を渡り歩いてこそ世界一周、なんて主張もあるかもしれない。

極めて曖昧な話ではあるのだが、旅人各自が「これは世界一周なんだ」と自覚するのなら、それでいいのではないかと思う。別にすべての大陸へ行く必要はないし、きれいに一筆書きのように周遊せず、同じ都市を行ったり来たりしながらの旅であっても、本人が世界一周だと考えるなら異を唱えるものではない。

ただ一方で、世界一周専用の航空券である世界一周航空券には、世界一周の明確な定義が存在する。

——太平洋と大西洋を各一回ずつ横断して、出発地へ戻ってくる。

こう定められている。現代においては世界一周航空券を利用した世界一周が主流である状況に鑑みると、これをひとまず最大公約数的な定義としてもよいのかもしれない。

世界一周航空券には、ほかにも多種多様なルールが設けられている。実際に購入するにあたってはある程度理解したいところなのだが、あまりに複雑なため、一般の旅行者が熟知するのは至難の業だ。詳細に解説したら、それだけで1冊の本になってしまうほど奥深く、現実に世界一周航空券に特化した専門書まで出版されている。そこで本項では、要点を絞って基本事項を紹介したい。

世界一周航空券はアライアンスごとに販売されていると前述したが、アライアンスによってそのルールが異なることも、話をややこしくしている。

最大の違いは、スターアライアンスとスカイチームはマイル制の料金体系なのに対し、ワンワールドは大陸制となっている点だ。世界一周ができる航空券とはいえ、それだけで世界中すべての都市を訪問できるわけではなく、定められたルール内で、行ける場所や乗れるフライトが限られている。多くの場所へ訪れれば訪れるほど料金も高くなるのだが、その算出方法がマイル制と大陸制では異なるのだ。

簡単に言うと、マイル制では利用するフライトの区間マイル数の合計で、大陸制では訪れる大陸の数によって料金が変動する仕組みになっている。

分かりやすいのはマイル制のほうだが、多くの大陸を巡る場合には飛行距離がかさむため、料金が跳ね上がる。大陸制だと飛行距離には左右されないので、アフリカや南米といった南半球まで足を延ばすとお得だが、大陸の概念には独自ルールが多く、マイル制より難解な印象を受ける。それぞれに一長一短あると言えよう。

逆に、3大アライアンスで共通のルールもある。先に紹介した通り有効期間が10日～1年であるのは共通で、ほかにも搭乗可能なフライト数の上限が16回までと統一されている。実は以前は20回まで可能だったのだが、改変された経緯がある。

16回と聞いてもピンとこないかもしれないし、普通の海外旅行と比べたら膨大なフライト数に思えるが、これはけっこうシビアな縛りだ。いざ世界一周をしようと思うと、上限の16

表6　3大世界一周航空券(2012年10月現在)

	スターアライアンス	ワンワールドアライアンス	スカイチーム
エコノミー料金※1	29,000マイル:319,100円 34,000マイル:369,200円 39,000マイル:430,900円	3大陸:335,000円 4大陸:369,600円 5大陸:433,800円 6大陸:500,000円	26,000マイル:359,100円 29,000マイル:387,100円 34,000マイル:456,400円 39,000マイル:526,700円
ビジネス料金※1	29,000マイル:619,100円 34,000マイル:732,000円 39,000マイル:851,500円	3大陸:656,300円 4大陸:780,400円 5大陸:895,200円 6大陸:978,200円	29,000マイル:760,500円 34,000マイル:895,100円 39,000マイル:1,032,600円
ファースト料金※1	29,000マイル:993,000円 34,000マイル:1,167,500円 39,000マイル:1,350,300円	3大陸:955,500円 4大陸:1,126,100円 5大陸:1,304,900円 6大陸:1,423,900円	29,000マイル:1,459,000円 34,000マイル:1,646,900円 39,000マイル:1,897,900円
フライト数※2	最大16回	最大16回※3	最大16回
滞在可能都市数	3〜15都市	アジアのみ2都市 ほかは無制限	3〜15都市※4
同一都市の滞在	1回まで	無制限	1回まで
同一都市の乗り継ぎ	3回まで	何度でも可能	2回まで
ルート変更手数料	125ドル	125ドル	100ドル
加盟航空会社	全日空(NH)／ユナイテッド航空(UA)／ルフトハンザドイツ航空(LH)／エアカナダ(AC)／ニュージーランド航空(NZ)／スカンジナビア航空(SK)／タイ国際航空(TG)／オーストリア航空(OS)／シンガポール航空(SQ)／アシアナ航空(OZ)／LOTポーランド航空(LO)／USエアウェイズ(US)／スイスインターナショナルエアラインズ(LX)／TAPポルトガル航空(TP)／クロアチア航空(OU)／アドリア航空(JP)／ブルーワン航空(KF)／南アフリカ航空(SA)／中国国際航空(CA)／トルコ航空(TK)／エジプト航空(MS)／ブリュッセル航空(SN)／TAMブラジル航空(JJ)／エーゲ航空(A3)／エチオピア航空(ET)／アビアンカータカ航空(AV)／コパ航空(CM)	日本航空(JL)／アメリカン航空(AA)／ブリティッシュ・エアウェイズ(BA)／キャセイパシフィック航空(CX)／カンタス航空(QF)／フィンランド航空(AY)／イベリア航空(IB)／ラン航空(LA)／ロイヤルヨルダン航空(RJ)／S7航空(S7)／エアベルリン(AB)	デルタ航空(DL)／KLMオランダ航空(KL)／エールフランス航空(AF)／アエロメヒコ航空(AM)／アリタリア航空(AZ)／CSAチェコ航空(OK)／大韓航空(KE)／アエロフロートロシア航空(SU)／ベトナム航空(VN)／タロム航空(RO)／ケニア航空(KQ)／エアヨーロッパ(UX)／中国南方航空(CZ)／中国東方航空(MU)／チャイナエアライン(CI)／サウディア(SV)／ミドル・イースト航空(ME)／アルゼンチン航空(AR)
加盟予定航空会社	エバー航空(BR)／深圳航空(ZH)	マレーシア航空(MH)／スリランカ航空(UL)／カタール航空(QR)	厦門航空(MF)／ガルーダ・インドネシア航空(GA)

※1)税金・燃油サーチャージなどの諸費用は別途必要。子供運賃は75%、幼児運賃は10%
※2)経由便もフライトごとにカウントする。陸路移動区間もカウントする　※3)北米大陸のみ6回まで。ほかの大陸は4回まで　※4)26,000マイルでは最大6回

回なんてすぐに到達してしまうのだ。足りないぶんは、別途航空券を購入するなどして補完すればいいのだが、そのぶん予算が余分に必要となる。

3大世界一周航空券については、表6にまとめてみた。最低限の要点だけに絞って極力シンプルに整理したつもりだが、それでもやはり難解かもしれない。いずれにしろ、3つのアライアンスのどれを選ぶかが大きな分かれ目となる。アライアンスによって料金が変わってくるし、何より行ける場所が異なる。

どのアライアンスを選ぶか

そもそも自分がどこへ行きたいのか。これこそが最大の判断基準となるだろう。となると、各アライアンスに加盟している航空会社のラインナップは、とくに着目したいポイントだ。すなわち、行きたい場所へ就航している航空会社が加盟するアライアンスがベストチョイスとなる。

加盟航空会社数が最も多いのは、スターアライアンスだ。2012年9月現在、計27社が加盟している。アジアから南米まで全大陸をまんべんなくカバーしており、世界の主要都市のほとんどにアクセスできる。日本の航空会社ではANAが加盟している。マイル制で分かりやすいし、最もオールマイティなアライアンスと言えるだろう。

ただし、弱点もある。アフリカや南米などの南半球まで行くと区間マイル数が増大し、料金が割高となってしまうのだ。また、世界一周旅行者に絶大な人気を誇るイースター島への便がない。

南米やイースター島を視野に入れるなら、最有力候補となるのはワンワールドだ。大陸制で区間マイル数に上限がないため、南米のような遠方であってもルートに組み込みやすい。また、オーストラリアを離発着する路線が充実しており、南半球を効率よく回れる利点もある。加盟航空会社は現在11社。日本からはＪＡＬが加盟している。

一方でスカイチームはどうなのか。以前は加盟航空会社に偏りがあり、料金も相対的に高めの設定で、どちらかといえば不人気なアライアンスだった。ところが、ここにきて状況が変わってきた。コンスタントに加盟航空会社を増やし、カバーできる範囲に厚みが出てきたのだ。とりわけアジア、中東、南米の路線網が拡充されたのが大きい。

もともとロシアやモンゴル、西アフリカなど秘境路線に強かったのだが、さらに行ける範囲が広がった。例を挙げると、南米アルゼンチンの最南部に位置するパタゴニア地方などは魅力的だろう。南極行きツアーの寄港地であるウシュアイアにも便が出ており、南極も狙いたい欲ばりな世界一周旅行者にはうれしいところだ。

そして、新たに「2万6000マイル以内」という料金体系が加わった点も見逃せない。世界一周航空券の中で安価な部類に入り、少しでも予算を抑えたい旅行者にとっては有力な選択肢が一つ増えたことになる。スカイチームは現在18社が加盟しており、あいにく日系航空会社は非加盟だ。

以上、最新事情を踏まえながら各アライアンスの特色を紹介したが、加盟航空会社は随時変わっている。継続的に新規加盟が進む一方で、脱退する航空会社もあったりして、流動的な部分が少なくない。更新される情報を常に追い続けるのはあまり現実的ではないが、興味のある人はアンテナを張り巡らせておくとよいだろう。

人気は南米大陸

世界一周専門の旅行会社として業界では有名な、「世界一周堂」の社長・角田直樹さんによると、近年の世界一周旅行者の傾向として、南米がとくに人気なのだそうだ。日本からは遠くてなかなか行きにくい場所だけに、世界一周の機会に回りたいと考えるのだろう。南米まで普通に航空券を買うと高額なので、世界一周航空券だと割安になるのも大きい。

世界一周堂のホームページ（http://www.sekai1.co.jp/）

南米というと、地球の裏側のどこか遠い世界のようなイメージが強かったが、ここ数年メディアでも頻繁に紹介され、ネットのクチコミなどで情報が広まったことで、憧れの旅先として認知されるようになった。見どころが数多く、ダイナミックな世界遺産も豊富なのが魅力だ。代表的なものとしては、マチュピチュやイグアスの滝などが挙げられる。

世界遺産以外にも、ボリビアのウユニ塩湖は注目度が高い。僕が最初に世界一周した10年前には、知る人ぞ知る秘境スポットだったが、いまや世界一周を志す者たちの間では定番の旅先になった印象を受ける。

ウユニ塩湖では4WDの車をチャーターして見て回る。塩でできたホテルへの宿泊体験なども

塩でできた湖はまるで雪景色のようで、その不思議な景観に息をのむ。乾季と雨季で趣はガラリと変わるのだが、日本人に人気なのは雨季のほうだ。真っ白な塩湖に水が溜まり、巨大な鏡のように反射するさまが旅人を惹きつける。

僕が訪れた当時は、同国最大の都市ラパスから列車やバスを乗り継ぎ、長時間の陸路移動を経なければアクセスできなかったが、現在では国内線が運航して移動時間が短縮された。座席が取りにくく、しばしば欠航もするらしいが、短期旅行でもルートに組み込みやすくなったと言えるだろう。

一方で、行きにくくなったエリアもある。この数年で政情が悪化した場所――そう、中東だ。チュニジアに端を発したアラブ地域の民主化の波は、エジプトやリビアなど周辺諸国に波及し、落としどころがいまだ見えていない国も多い。本書執筆時点では、シリアが泥沼の内戦状態に突入してしまっている。

これは世界一周に限らないが、旅するうえで世界情勢とは無縁ではいられない。ドンパチしているような国に、お気楽な観光旅行で訪れるのも考えものだろう。一刻も早い沈静化を切に願うところである。

旅を分割する

世界一周航空券には見逃せない利点がある。季節運賃がなく、料金が通年で決められている点だ。普通の航空券は出発日によって料金が変動するが、世界一周航空券だといつ出発しても料金はまったく同じなのだ。

ここで勘のいい方ならお気づきだろう。そう、航空券代が高騰するハイシーズンには、ただでさえお得な世界一周航空券がさらに利用価値を増すのだ。

路線にもよるだろうが、ゴールデンウィークや年末年始に欧米まで行こうとすると、航空券代は安くても十数万円、20万円を超えることも珍しくない。そのタイミングで世界一周航空券を使うと、安いもので30万円程度である。しかも世界一周である。30万円は絶対値としては安くないが、相対的に見ればこれほどお得な航空券はほかにない。

もちろん、それら大型連休を利用して短期での世界一周を敢行するのもいいだろう。休みの日数にもよるが、10日間以上確保できるなら、ハードではあるが決して不可能ではないことは前述した通りだ。しかも、ハイシーズンでも余計な割り増し料金を支払わずに済む。考え方によっては、会社勤めなどで自由に時間が取れない人ほど、世界一周航空券の恩恵が受けられると言えるかもしれない。

とはいえ世界一周となれば、できることなら1日でも長く旅したいのが本音だったりする。また、どんなに頑張っても10日も休めないという人もいるだろう。

そこで紹介したい、とっておきの裏技がある。

ポイントとなるのは、世界一周航空券の有効期間が1年であることだ。1度の休暇で一気に世界一周を終えるのではなく、長期戦にできないか——。

つまり、旅を分割するのである。各々の事情を踏まえつつ、年末年始やゴールデンウィーク、夏休みなどの比較的長めの休暇を確保できるタイミングを中心に、世界一周を振り分けてしまう。最終的に1年以内にすべての旅程を終えればいいのだ。

分割世界一周が可能なのは、スターアライアンスだ。たとえば年末年始にアジアを巡り、ゴールデンウィークにヨーロッパや北米へ向かう、などといった利用法が考えられる。分割の仕方にはコツがあって、日本から近いアジアとそれ以外のエリアで分けるのが、最も効率のいい組み方とされている。

以前は、途中で日本を経由できないルールがあったせいで、海外発で日本を往復する航空券を別途手配したり、出発地を日本以外の国にしたりする方法が、苦肉の策として知られていた。現在では、3回まで日本に立ち寄ることができる。

ただし、同一都市への滞在は1度までなので、東京から出発したのなら、一時帰国先は大阪にするなどの工夫は必要だ。大阪へ一時帰国した場合の東京までの移動費、および世界一周再開時に大阪へ戻る移動費は、別途負担となる。

分割世界一周はあくまでも裏技的な利用法であり、複雑で分かりにくいのだが、うまく計画を立てられれば、社会人であってもそれなりに充実した世界一周旅行が実現可能だ。視野に入れる価値はあるだろう。

前述の角田さんに、実際の暦に当てはめる形でオススメのルートを提案していただいたので、それも掲載しておく（図6、7）。応用して、自分だけのこだわりのプランを組み立ててほしい。

図6　分割世界一周モデルコース1

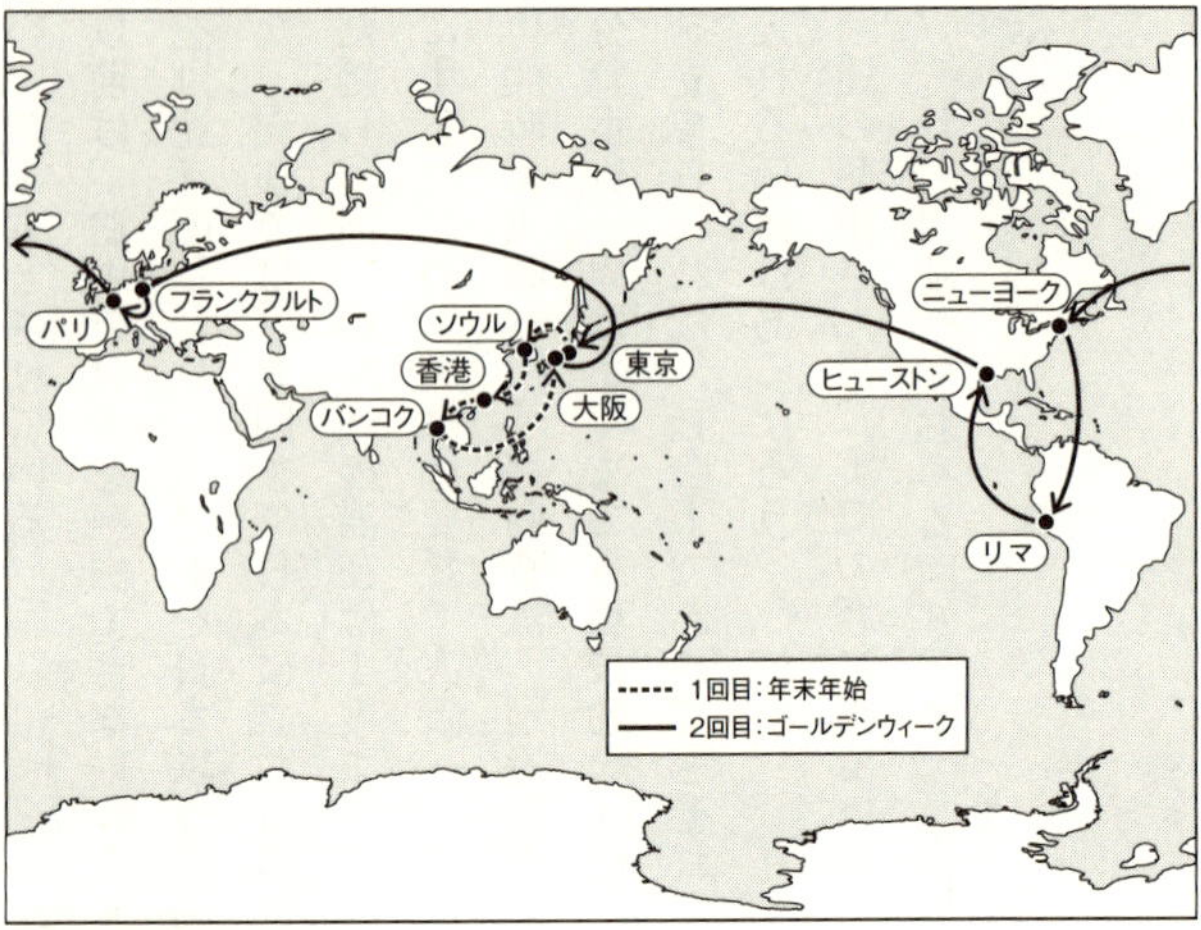

ルート

2012年12月28日(金)	東京(羽田)⇒ソウル(金浦)／OZ1035
2012年12月31日(月)	ソウル(仁川)⇒香港／TG629
2013年1月2日(水)	香港⇒バンコク／TG629
2013年1月6日(日)	バンコク⇒大阪(関西)／TG672
分割	
2013年4月27日(土)	大阪(関西)⇒フランクフルト／LH741
2013年4月28日(日)	フランクフルト⇒パリ／LH1034
2013年4月30日(火)	パリ⇒ニューヨーク／UA055
2013年5月1日(水)	ニューヨーク⇒リマ／UA1095
2013年5月4日(土)	リマ⇒(ヒューストン乗り換え)⇒東京(成田)／UA855＋UA007

合計：28,873マイル

利用航空券

スターアライアンス世界一周航空券／29,000マイル利用
エコノミークラス：319,100円(諸費用別)

利用航空会社

アシアナ航空／タイ国際航空／ルフトハンザドイツ航空／ユナイテッド航空

年末年始にアジアを周遊し、ゴールデンウィークはヨーロッパ、北米、南米を巡る。南米でもリマまでなら合計マイル数もぎりぎり29,000マイル以内に収まる。人気観光都市を網羅した王道ルートだ。ペルー国内線を別途手配してマチュピチュにも。

ルート作成：世界一周堂・角田直樹氏

図7　分割世界一周モデルコース2

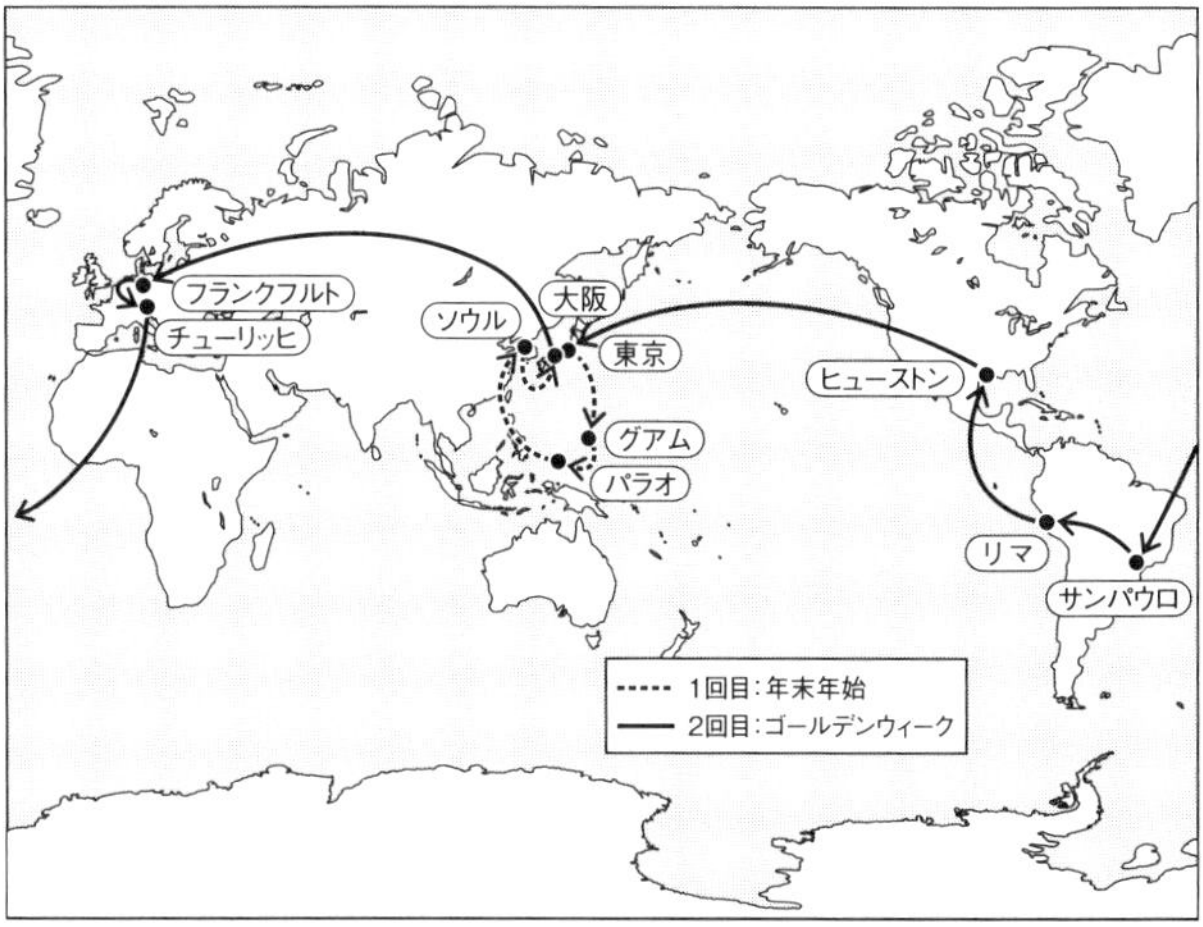

ルート

2012年12月29日(土)　東京(成田)⇒グアム／UA827
2012年1月1日(火)　グアム⇒パラオ(コロール)／UA193
2013年1月4日(金)　パラオ(コロール)⇒ソウル(仁川)／OZ610
2013年1月6日(日)　ソウル(仁川)⇒大阪(関西)／NH172

分割

2013年4月27日(土)　大阪(関西)⇒フランクフルト／LH741
2013年4月28日(日)　フランクフルト⇒チューリッヒ／LH1190
2013年4月30日(火)　チューリッヒ⇒サンパウロ／LX092
2013年5月2日(木)　サンパウロ⇒リマ／JJ8066
2013年5月4日(土)　リマ⇒(ヒューストン乗り換え)⇒東京(成田)／UA855＋UA007

合計：28,957マイル

利用航空券

スターアライアンス世界一周航空券／29,000マイル利用
エコノミークラス：319,100円(諸費用別)

利用航空会社

全日空／アシアナ航空／ルフトハンザドイツ航空／スイスインターナショナル航空／TAM航空／ユナイテッド航空

年末年始はビーチでのんびり過ごし、ゴールデンウィークにヨーロッパと南米を周遊する。メリハリをつけてリゾートも観光も楽しめる欲ばりなプランだ。コース1同様リマからはマチュピチュ、そしてサンパウロからはイグアスの滝へ行ける。

ルート作成：世界一周堂・角田直樹氏

世界一周だからこそビジネスクラス

効率よく、お得に世界を周遊できる世界一周航空券だが、そのありがたみがより実感できるのは、実はビジネスクラスだ。普段からセレブな旅にはあまり縁のない身としては、値段の安いエコノミークラスについ目が行きがちだが、冷静かつ客観的に料金体系を精査すると、その圧倒的なコストパフォーマンスのよさに気がつく。

先ほどの表6を再度眺めてほしい。たとえばスターアライアンスの2万9000マイル以内だと、ビジネスクラスは61万9100円。最大16区間も飛行機に乗って、この金額である。同じだけの区間分、普通にビジネスクラスの航空券を買おうと思ったら、途方もない金額になる。というより、日本から欧米を単純往復するだけのビジネスクラス航空券のみでも、数十万円するはずだ。

また世界一周航空券は、マイルを稼ぐチャンスでもある。最大16区間ものフライトを飛ぶのだから、一気にマイルが貯まる。この点でも、ビジネスクラスであればエコノミークラスよりも積算率が高いという利点がある。

さらに言うならば、航空会社の上級会員（184ページ参照）を目指す人にとっても、世界一周は千載一遇の好機だ。一度上級会員になれば、以後は半永久的にそのステータスを維持できる。上級会員になるにはハードルは高く、飛行機に乗りまくって、マイルとは別に各航空会社が定める搭乗ポイントを貯める必要があるのだが、世界一周をすれば一気に加算できるというわけだ。

　複数の航空会社を乗り継ぐ世界一周だから、各社のサービスを体験して比較できるのは、旅好きなら心惹かれるものがあるだろう。航空会社がこぞって力を入れているビジネスクラスだけに、エコノミークラスでは大差なく感じていた機内設備や食事などでも、会社ごとの個性を感じられるに違いない。最新鋭の航空機、世界最先端のサービスを満喫できてこの値段なのである。まさに「大人の世界一周」と言える。

第六章　マイルと賢く付き合おう

マイルは現金以上の価値を持つ

2010年、JALが経営破綻する事態に陥ったのは記憶に新しい。

「あのJALまでが……」という衝撃が日本中を駆け巡ったが、同時に利用者にとっては憂慮すべき問題が浮上した。

「マイルはどうなるんだろう……」

航空会社のマイレージ・サービスは、旅人にとって欠かせないものとなっている。いまやある意味、現金以上の価値を持つと言っても過言ではない。コツコツ貯めてきたJALのマイルが水の泡になってしまうのではないかと、気を揉んだ人は少なくないだろう。

幸いＪＡＬのマイルは破綻後もしっかりと受け継がれることになったが、破綻が決まった直後はちょっとしたパニックが見られた。無効になるという噂がまことしやかに流れ、駆け込みでマイルを特典に交換したり、ほかのポイントサービスへ移行するといった動きも一部では活発化した。

まるで銀行の取り付け騒ぎのようであるが、気持ちは分からないでもない。僕自身はＪＡＬよりもＡＮＡを中心に貯めていたので難を逃れたが、経営破綻したのが仮にＡＮＡだったとしたら、背筋が寒くなっていただろう。

マイレージ・サービスとは、乗ったフライトの距離に応じて付与されるポイントサービスのようなもので、一定数貯まると無料の特典航空券と引き換えられる。かつては出張族や、旅の多い一部のヘビーユーザーのためのサービスという位置付けだったが、存在が認知されるにつれ利用者が急増した。各種ポイントサービスや電子マネーなどとの連携が進み、飛行機に乗らずとも貯められる機会が増えたことも大きい。

手軽なわりには、受けられる恩恵は相当に魅力的である。何万円もする航空券がタダで手に入るのだ。貯めないのは損というものである。現金ではなく、あくまでもポイントにすぎないが、感覚的には預金に近いのだ。

意識すべきは「マイル単価」

マイルの価値を考える際に、現金に換算するといくらになるかを把握するのは一つの定石だ。旅人の世界では、「マイル単価」などという呼び方をする。

マイル単価は、貯めるときと使うときの2つのケースで計算できる。貯めるときにはマイル単価が安ければ安いほどお得で、使うときは逆に高いほうが割がいいことになる。

話は簡単だ。まず貯めるときだが、たとえば航空券を有償で購入したとする。かかった金額を付与されるマイル数で割ってみると、1マイルあたりいくらかかったかが割り出せるというわけだ。

このとき、飛行距離が長ければ長いほど付与されるマイル数が増える半面、航空券の値段の増減は必ずしも飛行距離に比例しない。

たとえば、至近のソウル行きと、遠いニューヨーク行きを比較すると分かりやすい。仮に100パーセントマイル積算とすると、東京―ソウル間往復で約1500マイル、ニューヨーク往復で約1万3000マイルがそれぞれ貯まる。付与されるマイル数には10倍近くも差があるのだが、航空券の値段にそこまでの違いはない。

図8　マイル単価の比較

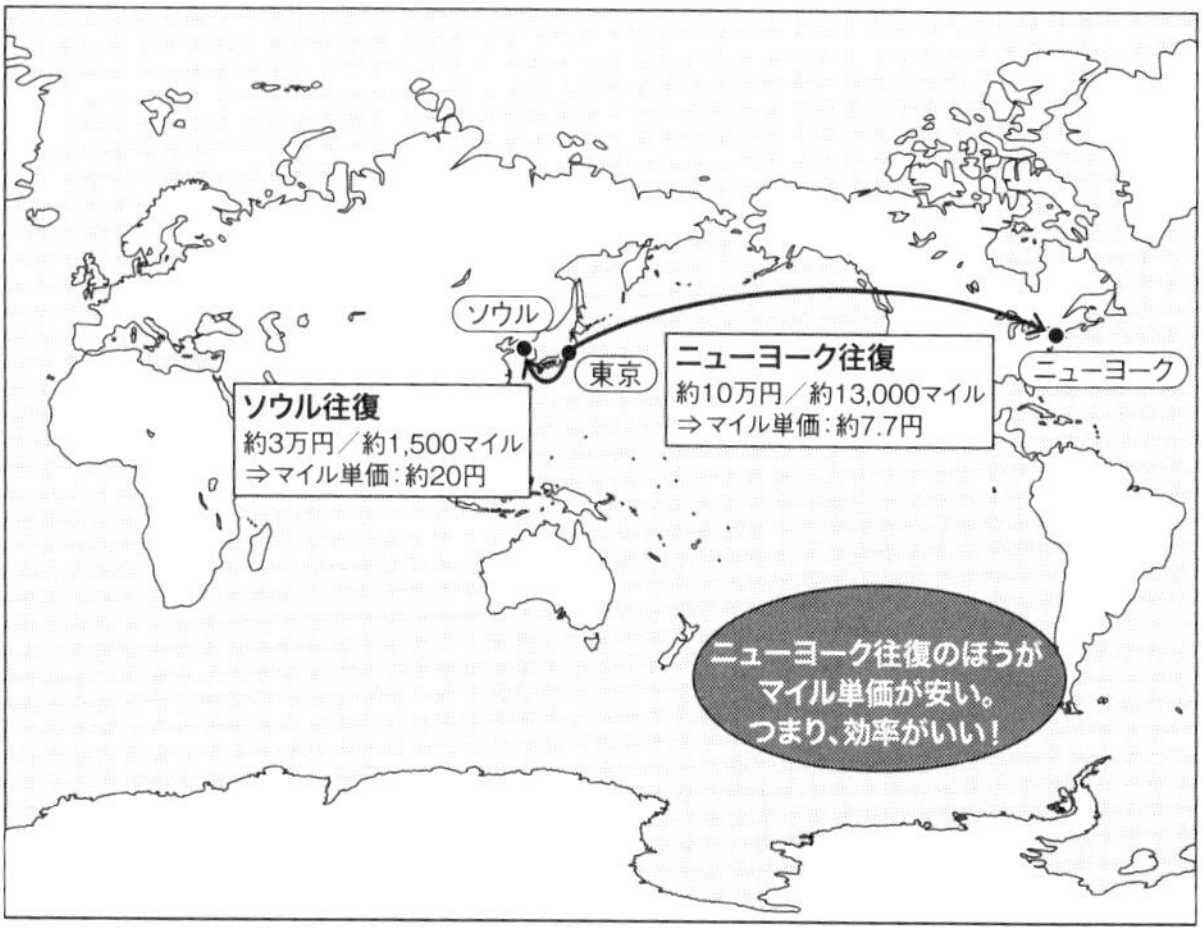

要するに、ソウル往復よりもニューヨーク往復のほうがマイル単価が安い、ということになる。ニューヨークに限らず、欧米のような日本から遠いところほどマイル単価は安くなるのが常なので、マイルを貯めたいなら長距離路線で稼ぐほうがお得だ。

航空券ではなく、日々の支払いをクレジットカード払いにして、そのポイントをマイルに移行させても同様にマイル単価は計算できる。いわゆる「陸《おか》マイル」というやつだ。支払った金額に対し、結果どれだけのマイル数が付与されたかを計算すればよい。マイル単価で比較すれば、移行させるポイントサービスによってお得度が変わってくることが簡単に判明する。

では次に、マイルを使うときのマイル単価について。同じ内容の航空券を有償で購入した場合の価格を、その特典航空券をもらうために使用したマイル数で割る。すると、1マイルあたりの価値が算出される。

貯めるときとは逆に、使うときには飛行距離が短いほど必要なマイル数が少なくなる。すなわち、短距離でありながら、有償で購入した場合の航空券の金額が高いものほどマイル単価が高いということになる。

突き詰めると、このマイル単価の概念が、マイレージ・サービスを奥深いものにしている要因なのだろう。やり方次第で、最少の費用で最大の効果を引き出せるからだ。同じだけの費用があっても、貯まるマイル数はときと場合によって大きく変動し、使うときにもやはり個人差が生じる。一筋縄ではいかない単純ではないルールだからこそ、効率的な貯め方、使い方を研究しだすとキリがない。

貯めどきを見極めながら旅を計画

マイレージ・サービスはゲーム性が高く、数字という目に見える形で成果が表れる。専門の攻略本が出ているほど、奥が深い。こだわり始めると、いかにマイルを貯めるかという視点に陥りがちである。本人がそれでよいのなら口を挟むことではないが、個人的にはやりすぎると本末転倒のような気もする。

あくまで重要なのは、マイルではなく旅そのものだ。旅を計画する際にマイルのことを意識しつつも、できる限り自然な流れで貯まっていくのにしたことはないだろう。そこで、押さえておくべき基本をおさらいする。

まずは、どの航空会社のマイルを貯めるか。僕はＡＮＡをメインに貯めていると述べたが、ＪＡＬという人もいるだろう。積算率の高い外資系の航空会社をあえて選択する手もある。いずれにしろ、メインとなる航空会社を決めたら、集中的にその航空会社の便に乗るようにするのが最もシンプルで確実な方法だ。

メインで貯めている航空会社ではなく、提携している航空会社の便に乗ってもマイルが貯まる点も見逃せない。たとえば、シンガポール航空に乗ると、ＡＮＡのマイルとして貯められる。キャセイパシフィック航空ならＪＡＬのマイルにできる。

気にかけるべきは、アライアンスだ。ＡＮＡならスターアライアンス、ＪＡＬならワンワールドといった具合で、航空会社ごとに属するアライアンスが決まっている。各アライアンス内の航空会社であれば、相互にマイルを貯めたり使用したりできるのだ。「どの航空会社のマイルを貯めるか」は、「どのアライアンスのマイルを貯めるか」と言い換えることもできる。使うときにも、ANAで貯めたマイルをルフトハンザ航空の特典航空券に引き換えたりと、柔軟に利用していきたい。

さらに複雑な話もすると、提携航空会社については、アライアンスとは関係なくマイルが貯まるパターンもある。たとえば、ANAでは台湾のエバー航空やマカオ航空、インドのジェットエアウェイズ、イギリスのヴァージンアトランティック航空などに乗った場合でもマイルが貯まる。JALはエールフランス、エミレーツ航空、中国東方航空と提携している。

マイルの積算率の問題もある。格安航空券よりもPEX運賃の正規割引航空券のほうが高い積算率であることは前述した。たいして値段が変わらないのなら、格安航空券ではなく、正規割引航空券を選ぶのが基本である。

ただし、正規割引航空券だとしても、中にはマイルがまったく付かないものもあるので注意したい。とくに外資系航空会社のキャンペーン料金の航空券で、日系のANAなどに貯めようとすると、積算されないケースがしばしば見受けられる。何パーセントのマイルが付与されるかは、たいていは航空会社のサイトに明記されている。航空券の予約クラスと見比べれば、どれだけ貯まるかが事前に分かる。面倒だが、事前に確認しておいたほうがあとで泣きを見ないで済むだろう。

同じ航空券であっても、マイルを積算させる航空会社によっても積算率が変わってくる。ややこしい話だが、ＡＮＡに積算したらまったくマイルが付かないけれど、ユナイテッド航空なら１００パーセント付く、といったことが起こり得る。

マイルを貯める絶好のチャンスを逃さないようにするのもセオリーだ。とくに北米やヨーロッパのような長距離路線を飛ぶときには、慎重を期したい。一気に１万マイル以上も稼げるのだから、多少高くてもマイルが貯まる航空券を選びたいところだ。

「多少」をどの程度とするかは人それぞれだろうが、仮に１万円値段が高くなるくらいなら、僕は迷わずマイルが貯まるほうを選ぶ。将来的に特典航空券に引き換えることを考えると、実質１万円以上のリターンが期待できるからだ。

日々の買い物などでも陸マイルとして貯まっていくが、やはり飛行機に乗って貯めるほうがずっと効率がいい。しかも、長距離路線ではなおさらだ。たいして貯まらない局面で労力を使うのは非効率である。

重要なのは、「貯めどき」をしっかり見極めることだと思う。

ハイエナ化しない陸マイラーに

陸マイルを貯める基本をおさらいしておくと、まず必須となるのがクレジットカードだ。ＡＮＡカードやＪＡＬカードといった航空会社そのものと提携しているものがベストだが、そうでなくても、ポイントをマイルへ移行できるカードであればひとまずＯＫ。日々の買い物などにそれらのカードを積極的に使用することで、ポイントがそのつど付与され、マイルに変わる仕組みである。

還元率はカードによっても異なるが、１００円で１マイルが現在の事実上のスタンダードだろう。１万円使えば１００マイル、10万円なら１０００マイルだ。仮に年間のカード利用額が１００万円だとすると、それだけで年間１万マイルも貯まる計算になる。陸マイルも決してあなどれない。

ここまでは、多くの人がすでに実践済みのはずだ。いわば陸マイラーの第１段階である。ただ単にカードを使うだけで、意識せずとも自然にマイルが貯まるから、僕のような陸マイルにさほど執着のない者にとっても、無理なく続けられる点でオススメできる。

さらに１段階進むと、還元率を少しでも高める方法を模索することになる。

特定のショップで買い物をすれば、貯まるポイントが２倍になったり、期間限定のキャン

楽天市場で買い物をする際には、面倒だがANAのサイトを経由するとボーナスマイルが貯まる

ペーンで高還元率が実施されたりする。楽天市場などのネットショッピングにおいても、直接ショッピングサイトへアクセスせずに、航空会社のサイトから指定のリンクを経由することで、ボーナスマイルがプラスされる。

カードによっては、特定の条件を満たすことで標準の１００円＝１マイルよりも高い還元率が実現可能だ。有名なものだと、ライフカードがある。

ライフカードでは、１０００円の使用につき１ポイントが付与され、貯まったポイントはＡＮＡマイルに交換可能だ。交換レートは1ポイントが3マイル。

標準還元率と比較するために100円単位で計算してみよう。

100円＝0・1ポイント＝0・3ANAマイル
——あれれ？　そう、これだと標準還元率である100円＝1マイルよりも低い水準となってしまう。

ところが、ライフカードにはほかのカードにはない大きなメリットがある。誕生月だけは、通常の5倍のポイントが付与されるのだ。先ほどの式を5倍してみる。

100円＝0・5ポイント＝1・5ANAマイル
誕生月であれば標準の100円＝1マイルよりも高い還元率となるのだ。

ライフカードは、年間の利用額によって還元率が高くなる仕組みになっており、人によってはさらに高い還元率も望める。また、ANAカードではすでに廃止されてしまったEdyチャージへのポイント付与（以前と比べて還元率は下がったが）も特徴的で、年会費無料のカードの中では根強い人気を誇る。

話が出たついでに書くと、陸マイルの貯め方としては、Edyなどの電子マネーとの併用も大きな課題だ。Edyで支払うと、200円＝1マイルが別途積算される。Edy以外でも、ＳｕｉｃａやｉＤなど多種多様な電子マネーが出揃い、状況は混沌としている。それら電子マネーを有効活用し、さらなる陸マイルの取得を目指すのが第３段階といえるだろうか。

かつては、Ｅｄｙへのチャージをカード払いにすれば、そのぶんもポイント／マイルにすることができた。マイルの二重取りというやつで、ほかにもいろいろな条件がゆるく、いい時代だった。ポイントサービスが乱立し、ルールの抜け穴をついた裏技がネットで広まるにつれ、サービス内容が年を追うごとに改悪されるというイタチごっこが続いてきたのだ。

そう、陸マイルが面倒なのは、ときの流れとともに仕組みがしょっちゅう変更される点にある。貯め方の定石みたいなものが存在するとしても、あくまでもその時点でのもので、この先も同じやり方が通用するとは限らないのだ。だからこそ、熱心に情報を収集し研究を重ね、ゲーム感覚で貯める人が跡を絶たないのだろう。

気持ちは理解できるものの、僕のようなものぐさな人間からすると、率直に言って面倒くさいのである。旅人なら飛んで貯めるほうが、精神衛生上気楽だ。

貯め方よりも使い方がより重要

せっかく貯めたマイルも、使わなければ宝の持ち腐れだ。

個人的には、マイレージ・サービスに関しては、貯めることよりも使うほうが重要な意味を持つと思っている。同じだけの費用であっても、やり方次第で貯まるマイルには個人差が生じることは前述したが、いざ使う局面で、さらに大きな差が出てくる可能性があるからだ。

マイルの使い道としては、やはり無料の特典航空券に引き換えたいところだろう。それも、有償で購入すると高額な路線や日程のものが確保できれば、より恩恵を受けられる。

最もその価値が際立つのは、ゴールデンウィークなどのハイシーズンだ。普段なら数万円で行ける近距離のアジアですら、10万円オーバーなんてザラだ。そのタイミングでしか行けない人たちがいる限り、安くなることはない。

そこで、マイルの出番となる。路線によっては、ハイシーズンは特典航空券の対象外となっている日程もある。連休初日出発や連休最終日帰りの便など、最も人気が高いと思われる日程で、それらは「ブラックアウトデイト」などと呼ばれる。

ルール上無理なものは仕方ないが、あくまでも路線次第であるし、ゴールデンウィークの全日程が対象外というわけでもないので、行き先やスケジュール次第で利用価値はある。

ただし、ネックとなるのはその競争倍率の高さだ。おいしい日程だけに、限られた座席数を巡って熾烈な争奪戦となる。

どれぐらい熾烈かを痛烈に味わった一件がある。２０１１年のゴールデンウィーク初日は4月29日で、この日に出発するＡＮＡのバンコク便に特典航空券で予約を入れようとしたときのことだ。予約を試みたのは2月中旬だった。ＡＮＡのサイトで検索すると、当然のように満席。電話をして問い合わせてみると、すでに約１５０名の空席待ち状態だと言われた。

１５０名……どう考えても無理である。完全に出遅れてしまった。

さらに言えば、この１５０名は全員が特典航空券の空席待ちではなく、中には有償の航空券での空席待ちも多数含まれている。仮に空席が出たとしても、お金を払って乗りたい人が優先なのは考えるまでもない。

要するにプラチナチケットなのである。ＡＮＡの国際線特典航空券の予約は、搭乗予定日の３５５日前に始まる。ほぼ1年前だ。予約開始と同時にアクセスしたとしても、連休などのいい日程は秒殺だったりする。2カ月前なんてお話にならないのだ。

とはいえ、ハイシーズンがまったく取れないかというと、そんなこともない。連休初日は無理としても、日程を少しだけずらすと可能性が出てくる。僕自身ゴールデンウィークを特典航空券で旅した経験はあるし、要領よくそういった日程の座席を押さえている旅仲間もいる。プラチナチケットではあるものの、決して幻ではないのだ。取れるかどうかは、最終的

表7　ANA国際線特典航空券の必要マイル数(東京発エコノミークラス)

12,000〜18,000マイル	ソウル
14,000〜21,000マイル	瀋陽
17,000〜23,000マイル	北京、上海、大連、杭州、厦門、青島、広州、台北、香港、マニラ
30,000〜40,000マイル	成都、ホーチミンシティ、バンコク、シンガポール、ヤンゴン
35,000〜45,000マイル	ホノルル、ジャカルタ、ムンバイ、デリー
40,000〜60,000マイル	サンフランシスコ、サンノゼ、ロサンゼルス、シアトル
45,000〜65,000マイル	フランクフルト、ミュンヘン、ロンドン、ニューヨーク、パリ、シカゴ、ワシントン

には運次第。少なくとも早めの行動を心がけるべきだ。

なおANAでは、搭乗日ごとに「シーズン」が3段階で設定されており、それによって必要マイル数が変動する。各都市への特典航空券に必要なマイル数を、表7に整理しておこう。

貯めたマイルで世界一周も!

マイルでの特典航空券を利用する際に、注意すべき点をまとめてみたい。

初心者が勘違いしやすいのが、諸費用の問題だ。無料とはいえ、国際線の特典航空券では空港税や燃油代を別途支払わなければならない。金額は有償の場合と同じであるから、とくに燃油代が高い時期などは要注意である。せっかくタダで航空券が手に入ったと思いきや、燃油代で何万円もかかってしまい、釈然としない気持ちにさせられる。

なおデルタ航空のように、特典航空券で燃油代を徴収しないマイレージ・サービスや、徴収はするが有償よりも低い水準に設定している会社も一部存在する。そのぶん必要マイル数が多めだったりするのでどちらがよいとも言えないが、外資系航空会社は日系とは勝手が違うことを覚えておきたい。また日系でも、国内線であれば、当然ながら諸費用は一切かからないことも補足しておく。

行きと帰りで座席クラスを変えられるのも、重要な前提ルールだ。行きはエコノミークラスでも、帰りはビジネスクラスにできるというわけだ。もちろん、その逆も可能。どうしても空席がない場合には、座席クラスを変更する手がある。必要マイル数は、各座席クラスの必要マイル数の半分ずつを足した合計となる。

なお、片道だけをビジネスクラスにする際には、行きにするか帰りにするかを路線によって計画的に選ぶのがポイントだ。アジアやヨーロッパ路線では、往路のほうが復路よりも飛行時間が長い。ビジネスクラスのありがたみを最大限感じたいのなら、往路にしたほうがお得だろう。北米路線では、逆に復路のほうが長くなる。また、深夜便だとフルフラットのシートで熟睡できるのが魅力だが、寝るだけだとせっかくのビジネスクラスがもったいないような気もする。

マイレージ・サービスは、航空会社のアライアンスと密接な関係にあるが、これは特典航空券を狙う際にも大きな意味を持つ。たとえばＡＮＡにマイルを貯めていたとしたら、使う際にはＡＮＡではない同じアライアンスの便に予約を入れられる。

実は、これこそが特典航空券の最大の利点だ。

スターアライアンスの特典航空券は、アライアンス内の航空会社であれば、自由自在に組み合わせることができる。それも単純往復ではなく、周遊型のルートも可能なのだ。トータルの区間マイル数に応じて、必要マイル数が変わってくる。

僕の経験談を一つ紹介しよう。以前、成田―上海―バンコク―成田という特典航空券を発券したのだが、成田―上海とバンコク―成田をＡＮＡで、上海―バンコクはタイ国際航空で予約を入れた。こういった変則的なルートとなると、有償ではそもそもが買えないか、買えたとしても高額になるケースがほとんどだ。マイルならではの発券方法と言える。

複数航空会社を使った周遊が可能な特性を突き詰めていくと、ある結論に行き着く。なんと、特典航空券で世界一周もできてしまうのだ。前章でも少し触れたが、僕はスターアライアンスの特典航空券で実際に世界一周をした。諸費用は別途かかるが、世界一周航空券がタダで手に入るのは感動的である。

世界一周なんてどれだけマイルが必要なんだろう……とあきらめるのは早計だ。必要なマ

図9　マイルを使って世界一周

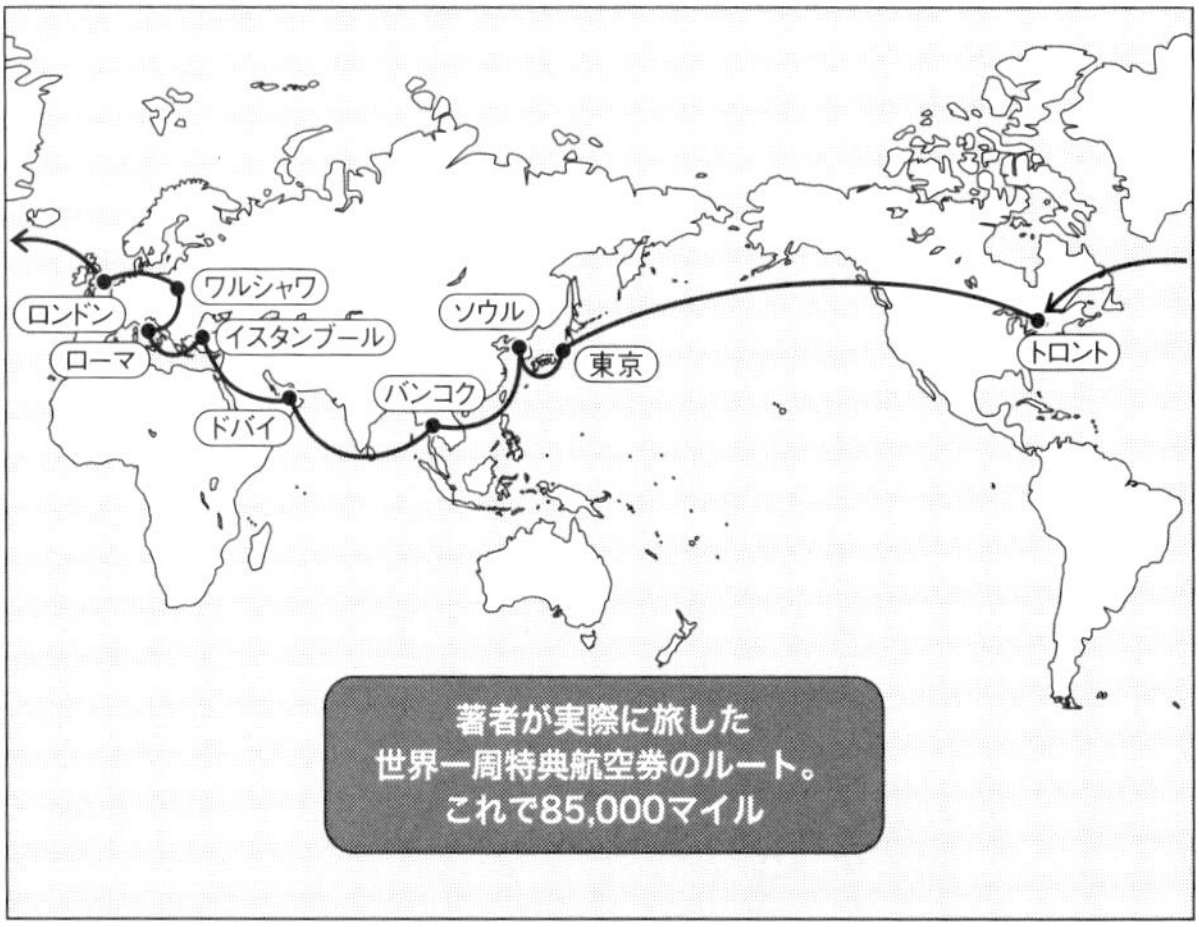

イル数は最短で6万。少なくはないが、決して非現実的な数字ではないはずだ。

　そもそも、ANAだけを使った通常の特典航空券なら、欧米を単純往復するだけでも6万マイルくらいはかかる。逆に言えば、欧米を単純往復するのと変わらないのだ。

　貯めれば世界一周もできるとなると、夢は途方もなく広がるが、一方で一筋縄ではいかないのも特典航空券だ。複雑なルールを理解し、狙いを定めていざ予約をしようとすると空席がない……という根本的な壁にぶちあたる。いくらマイルが貯まろうが、空席がないと意味がない。

　マイルの特典航空券は、航空会社が余った座席を有効活用するために実施しているもので、所詮はサービスの一つにすぎない。空気を運ぶよりはタダでも客を乗せ、顧客満足度を高めるという方針なのだろう。そのため、期待しすぎると肩すかしを食らう。希望通りの便が確保できたらラッキー、ぐらいの心の余裕を持って臨むべしだ。

沖縄へはマイルで行こう

国際線と比べると、国内線の特典航空券はまだ取りやすい。大型連休の一部が対象外なのは同様だし、金曜や月曜が祝日の3連休などでは座席の争奪戦になるものの、国際線よりは空席も多く、ストレスなく予約を入れられる。

ＡＮＡ・ＪＡＬともに、空席がある限り特典航空券での予約が可能となる特定日程が設定されたことも、大きなトピックスだ。ＡＮＡは「特選フライト」、ＪＡＬは「特典航空券 優先フライト」という名で、２０１２年に新たに始まった。那覇や新千歳といった一部の路線だけではあるが、これまでは特典用の座席数は限定されているのが普通だったので、利用者としてはうれしいサービスと言える。

ＬＣＣの就航により、航空業界内で価格破壊が起きつつあるとはいえ、世界レベルと比較するとまだまだ高すぎるのが日本の国内線事情だ。だから、マイルの使い道を国内線の特典航空券とするのは、有効な手立てだろう。国際線と比べて必要なマイル数が圧倒的に少なくて済むわりに、マイル単価が高いため、国内線のほうがお得度は高い。空港税や燃油代といった諸費用が不要なのもうれしい。

国内線の特典航空券に必要なマイル数は、以前は路線に関係なくほぼ一律だった。つまり、遠くへ行くほどマイル単価が高くなる形だったのだが、いまではルールが変わり、路線によって差別化されている。東京からだと、やはり距離の長い沖縄路線などは必要マイル数が高くなる傾向だ。

といっても、それでも国際線と比べれば差はゆるやかだ。時期によっても変動するが、ANAのレギュラーシーズンだと東京─大阪間の往復が1万2000マイル、東京─沖縄間だと1万8000マイルとなっている。国際線は路線ごとに万単位で変わってくることに鑑みれば、気になるほどの違いではない。

東京─沖縄間でANAの運賃を見てみると、最も安い「旅割55」でも、往復で3～5万円はかかる。旅割55は、出発55日前までに予約することが条件で、やや使いにくい。そのため実際には、もっと条件がゆるくて高額な運賃で予約せざるを得なくなる。

ところが、マイルを使えばタダで行けてしまうのだ。しかもたったの1万8000マイルである。「たったの」と感じるのは主観にすぎないけれど、しばしば海外へ行くような旅人であれば、それしきのマイルを貯めるのは別段難しくないはずだ。陸マイラーであったとしても、十分に手が届く数字だろう。

「沖縄へ行くならマイルだよね」

周りの旅人の間では、そんな声も聞く。手軽に恩恵を受けられるオススメのマイルの使い方は、沖縄行きの特典航空券なのだ。

特典航空券以外の使い道

マイルを使う最上の手段は、特典航空券との引き換えだが、マイルの活用法はほかにもある。航空会社にもよるが、ＡＮＡやＪＡＬでは3年間の有効期限も設けられており、期限が切れると、せっかく貯めたマイルも失効してしまう。

では、使うタイミングを逃してしまったり、特典航空券に引き換えるほど貯まっていない場合にはどうすればよいか。

手っ取り早いのは、各航空会社のクーポンに換える方法だろう。ＡＮＡでは「ＡＮＡ ＳＫＹコイン」と呼び、一般会員は1万2000マイル=1万5000コインから、ＡＮＡカード会員などは3000マイル＝3000コインから交換できる。JALでは「JALクーポン」という名で1万マイル＝1万2000円相当に換えられる。クーポンは金券のようなもので、航空券の購入の際などに利用可能だ。

たくさんマイルが貯まっている中上級者の中には、空席が取れない特典航空券はあきらめ、あえてクーポン化して有償での航空券購入に利用している人もいる。また、航空券だけでなくツアーの支払いにも使えるので、ツアー派にもオススメだ。

マイルを貯める際、電子マネーを併用するのも一つの方法だと述べたが、貯めたマイルを逆に電子マネーに換える手もある。コンビニエンスストアやドラッグストア、家電量販店など、電子マネーに対応した店舗での買い物に使える。

また、旅行ではなく商品と引き換えることもできる。「ANAセレクション」では、貯めたマイルでスーツケースなどの旅行カバン、高級肉やお米、お酒などに交換可能で、僕も通勤用のブリーフケースを1万マイルでもらったことがある。JALも似たような感じで、「JALとっておきの逸品」というサービスが用意されている。

自分ではなく、家族が利用する特典航空券として発券するなんて奥の手も。余剰マイルがあるなら、両親に旅行をプレゼントするのも親孝行になりそうだ。

さらには、有償で購入した航空券の座席クラスをアップグレードするのにもマイルが使える。エコノミークラスをビジネスクラスへ、ビジネスクラスをファーストクラスに無料で変更できるのだ。ただし、ANAやJALではアップグレードが可能な運賃が決められており、一般的に僕たちが利用する割引運賃では、対象外であるケースがほとんどである。アップグレードのチャンスは実質ないに等しい。

上級会員になるとこんなにお得

マイレージサービスを活用していくにつれて気になり始めるのが、航空会社の上級会員サービスだろう。ANAやJALでは、利用頻度に応じてステータスが決まり、さまざまな特典を得ることができる。上級会員になるとどんなメリットがあるのか、少し整理してみたい。

最大の魅力は、空港のラウンジが利用できることだろう。ラウンジでは、飲み物はすべて無料だ。サーバーから注ぐ生ビールや、ワイン、ウイスキーなどアルコール類も揃っている。国際線では軽食もあるのが普通で、羽田の国際線ラウンジなどはビュッフェ形式の食事まで用意されていて、非常に豪華。ネット環境も整っており、コピー機、FAXなども使い放題だ。

出発までの待ち時間を快適に過ごせるラウンジは、一度使うと病みつきになる。国内線・国際線ともに、自社便だけでなく、提携航空会社の便に乗る場合にも利用できるのが魅力的だ。世界各地のラウンジを渡り歩くのは、旅のささやかな楽しみの一つでさえある。

また、空港での一連の手続きにおいても、上級会員は優遇されている。チェックインは専用カウンターや、エコノミークラスであってもビジネスクラスのカウンターで行えるし、預け入れ荷物には優先タグが付けられ、到着後真っ先に出てくる。成田など一部の空港では、出国審査場への入口も別ルートになっている。並ばずに手荷物検査を受けられるのは国内線も同様で、羽田などの混雑が激しい空港では、とくにありがたみが大きい。

さらには、旅の計画段階でのメリットも見逃せない。

まずは、飛行機の空席待ちでの優遇措置。席がとれるのは、実は早い者順ではない。通常会員が何カ月も前から空席待ちを入れていたとしても、あとから空席待ち予約をかけた上級会員のほうが優先される仕組みなのだ。

マイルの積算率にも違いが生じる。上級会員になると、通常のマイルに加えてボーナスマイルが加算される。例としてＡＮＡでいちばんステータスの低いブロンズ会員であっても、区間マイル数の50パーセントが上乗せされる。最上級のダイヤモンド会員なら、なんと１２

5パーセント増しだ。仮にニューヨークを往復するとしたら、通常は約1万3000マイル付くところが約3万マイルへと一気に跳ね上がる。このように、上級会員になれば加速度的にマイルが貯まっていく。陸マイルでコツコツ貯めるのが馬鹿らしく思えるほどだ。

あとは、アップグレードポイントも忘れてはならない。前年の搭乗実績に応じて付与されるポイントで、これを使えば座席クラスをアップグレードできる。条件はマイルでのアップグレード同様で、安い運賃だと適用外なのは残念だが、国内線でも利用できるので使い勝手は悪くない。僕もなるべく、那覇行きなどの国内の長距離路線で使うようにしている。

メリットだらけの上級会員だが、誰しもなれるわけではない。マイルと違って陸では貯められず、飛行機に乗らなければなれないからだ。年会費を支払いさえすれば入会できる、クレジットカードのゴールドカードとも別物だ。

どういうことか簡単に説明する。飛行機に乗るとマイルが貯まるが、マイルに加え航空会社ごとの搭乗ポイントが積算される。この搭乗ポイント数の合計によって、上級会員になれるかどうかが決まるのだ。

年間の合計ポイント数に応じてANAは3種類、JALは4種類の上級会員ステータスが用意されている。一口に上級会員といっても、その中でもさらにランクが分かれているわけだ。

なお、一度上級会員になると、あとは専用のカードに申し込んで年会費を支払い続ければ半永久的に高いステータスを維持できる。これは重要なポイントだ。毎年のように何十フライトも乗り続けるのは大変だが、特定の年度だけ計画的に搭乗回数を増やし、一気に上級会員を目指してしまえばいい。それ以降は格段に旅が楽になるはずだ。

羽田空港国際線ターミナル内のANAラウンジ。夜のビュッフェタイムにはカレーなども提供される

出張の多い人は別として、趣味の旅行だけで上級会員になるためには、それなりの出費と時間を覚悟しなければならない。万人にオススメはできないものの、旅が好きでたまらないという人ならば、狙う価値はあるだろう。

第七章　ホテルにお金……備えあれば憂いなし

ホテル選びのポイント

ホテルが指定されているパッケージツアーはともかく、個人旅行だと、どこに泊まるかは旅人の裁量に任される。選択肢が膨大なため、航空券の手配に比べると自由が利くが、一方で残念なホテルに当たったとしても自己責任と言える。

では、どんな基準で選ぶべきか。明確な正解はないものの、何の基準もないと選びようがない。値段なのか、部屋のグレードなのか、立地条件なのか。予算が潤沢にあるのでなければ、それなりに優先順位を付ける必要に迫られる。

ちなみに僕自身は、あまり強いこだわりはない。寝に帰るだけだから、と割り切る場合が多いのが正直なところだ。強いて言うなら、短期旅行であれば立地が便利なところ、リゾートなら多少奮発してでもリラックスできそうなところ。あとは窓の有無、ネット環境の有無くらいが最低限気になる点だ。

僕の場合、実際にそのホテルに泊まることを想像できるかどうか、想像できたとしていい宿泊体験になるかどうかを最終的な判断基準としている。要するに、何かビビッとくるものがあるかどうかである。

所詮は想像にすぎないので、行ってみたらこんなはずじゃなかった、なんてこともある。しかし、仮に後悔することになったとしても、自分の直感を信じた結果であればあきらめもつく。少なくとも、ホテルは理屈では選べないというのが持論だ。

想像力を膨らませるための材料は、いまやかなり揃っている。たとえば、サイトに掲載されている部屋の写真がきれいだったりクチコミが高評価だったりしたら、背中を押されるきっかけにもなるだろう。

どうしても外したくない場合には、グーグルのストリートビューを活用する手がある。実際の道路に沿う形で、３６０度のパノラマ写真を見られる。対応する地域がますます拡大しており、海外の見知らぬ土地の状況が、日本にいながらにして一目瞭然なのだ。便利な時代になったものである。

ホテルの周辺がどうなっているのか、最寄り駅からの道のりはどんな雰囲気なのか、画面上で分かってしまう。「コンビニが近くて便利そう」「おいしそうな食堂があるなあ」など、どんどん想像が膨らんでいく。

行く前から具体的に想像できすぎると、それはそれで味気ないと感じる人もいるだろう。僕自身、できれば予備知識はないに越したことがないという気持ちも少なからずある。あくまでも外したくない場合の奥の手なのだが、そういう手段もあるという事実は紹介しておきたい。

クーポンやポイントを有効活用したホテル予約

ホテルもいまはネットで手配をするのが常識だろう。旅のスタイルによっては、行き当たりばったりで宿泊先を探すケースもまだあるものの、料金的にはネット予約のほうが総じて安いうえ、現地で宿探しに貴重な時間を費やすのはもったいないので、できれば事前に予約をしていきたい。ホテルではなくゲストハウスのような安宿であったとしても、いまはメールなどで簡単に予約できる。

航空券同様、ホテルの予約サイトも乱立している。どのサイトがベストかは一概には言えないし、旅人各人の好みにもよるが、僕自身は最近だと「エクスペディア」か「アゴダ」を利用している。いずれも取り扱い件数が多く、料金も手頃だ。これら2つのサイトを比較してみよう。

サイトのインターフェイスがこなれているのはエクスペディアのほうだろうか。アゴダも以前に比べればずいぶん改善されたが、いかにも外国のサイトという感じで、慣れないと操作にまごつくことがある。あくまで慣れの問題だが、ネット予約に不慣れな人ならエクスペディアのほうが無難かもしれない。

予約の手順は大差ないが、エクスペディアだとバウチャーが不要なのは特筆すべき点だろう。アゴダをはじめほかの予約サイトでは、予約を証明するバウチャーがＰＤＦなどで発行されるので、チェックインの際に提示するのが一般的だ。近頃は紙に出力せずに、スマートフォンの画面に表示させたものを見せる形でもほとんど問題ない。アゴダのバウチャーには「iPad などで表示してください」と、具体的な機器名付きの補足がしっかり記載されている。

いずれのサイトもスマートフォン用のアプリが用意されており、旅先でその日の宿を予約する、なんてシチュエーションでも手軽に行えるのはうれしい。スマホの小さな画面では、ブラウザよりもアプリのほうが断然楽チンだ。

では、両サイトをどう使い分けるか。やはり最大の比較要素は価格だろう。同じホテルであっても、サイトによって微妙に価格が異なることがある。また価格は同じだとしても、キャンペーンを実施しているサイトもあったりするので、ときと場合によって使い分けるのが賢い使い方である。

たとえばエクスペディアでは、航空会社と提携したディスカウントキャンペーンをしばしば見かける。2012年上半期には、JALのサイト経由だと5パーセントオフになり、さらにボーナスマイルも貯められた。

ほかにも、首都圏の都市から成田空港などへ直行するバス、エアポートリムジンとのタイアップもあった。切符の裏面にエクスペディアのクーポンコードが印刷されており、入力すると一律で宿泊料金が1000円オフになるという、なかなか太っ腹な企画である。また、直前になると価格が大幅にディスカウントされることもある。間際であっても、思いがけずお得な予約を確保できるのだ。

最低価格保証を謳っている点も見逃せない。同条件のホテルがほかの予約サイトのほうでより安く掲載されている場合、申告すると差額が返金され、さらに次回以降の予約で使える

5000円分のバウチャーが発行される。

一方でアゴダに関しては、金曜に予約をするのがポイントだ。毎週金曜はセール日になっており、掘り出し価格が提示される。セール対象となるのは全ホテルではないものの、中には通常時の半額なんてものもある。

「エクスペディア」ホームページ

「アゴダ」ホームページ

アゴダでは、利用するとポイントが貯まっていく仕組みになっている。一定数貯まると、その分を次回以降の予約で割引されるので、繰り返し利用するとなかなかお得感がある。

また、利用者のクチコミが多いのもアゴダの特徴だろうか。日本人の利用者も少なくないようで、日本語のクチコミも多い。クチコミ数については、現時点ではエクスペディアよりアゴダのほうが充実している印象だ。

エクスペディアでは、自サイトのクチコミの少なさを「トリップアドバイザー」の情報を表示することでカバーしているようだ。トリップアドバイザーは世界最大の旅のクチコミサイトで、評価に応じてホテルやレストランがランキング表示されるシステムが好評を博している。

このランキングで上位に入ることは、ホテルにとっても一つのステータスで、最近はホテルの宣伝文句などでも「トリップアドバイザーで1位のホテル!」などと積極的に謳っているのを見かけるようになった。

トリップアドバイザー自体に予約機能はないが、各ホテルの空室状況や価格を、複数の予約サイトから横断的に検索できる。根気よく最安値を探すなら、まずはトリップアドバイザーにアクセスすると効率的だろう。

エクスペディアやアゴダといった予約サイトは、グローバルに展開する外資系のサイトだけに質・量ともに圧倒的で、日本の予約サイトでは太刀打ちできない状況が続いていたが、最近は挽回を図る姿勢も垣間見える。

たとえば「楽天トラベル」や「じゃらんｎｅｔ」など、国内旅行や出張用のホテル予約でお馴染みの日本のサイトも、海外ホテルの取り扱い件数を増やしている。とくに韓国や中国といった、日本人が頻繁に行くような地域に関しては、エクスペディアやアゴダ並みに安いこともあるようだ。日本の予約サイトのポイントは、航空会社のマイルに移行できる。外資系のサイトに抵抗がある人は、それら日本のサイトを利用するのも一つの手だろう。

お金はどうやって持っていくか

興味深い調査結果がある。ビザ・ワールドワイドが実施した、海外旅行に現金をいくら持参するかを調べたデータなのだが、その平均額は約16万９０００円となったという。主に家族旅行を対象としているようだが、ずいぶんたくさん持っていくのだなあというのが正直な感想だ。行き先や日程にもよるが、僕自身が持っていく現金はせいぜい５万円程度。多くても10万円を超えて持参することは、まずない。

お金はどうやって持っていくのか。最もよく受ける質問の一つであり、僕にとっても悩ましい問題だった。

トラベラーズチェック（T／C）やシティバンクのキャッシュカードなど、これまでいろいろ試行錯誤を重ねてきたが、最終的に行き着いた結論は、クレジットカードでのキャッシングである。

いまやどこの国へ行っても、ATMはほぼ必ず見つけられる。VISAやMasterCardなどのグローバルなカードであれば、それらATMで現金を引き出せる。手数料が取られるが、大金を持ち歩くリスクを相殺できると思えば、決して損ではない。

何より、両替レートで頭を悩ませなくていいのがうれしい。現金やT／Cからの両替だと、両替所によってレートが異なるため、そのつどレートを見比べなくてはならない。

「あの国は、銀行よりも私設の両替所のほうがいい」

「あの街なら、宝石屋さんで両替するのがいちばんお得だよ」

こういったまことしやかな噂が旅人の間で飛び交うのは常だが、ATM一択であれば余計なことを考えなくていいのだ。ATMは空港内にたいていあるし、街中でも少し探せば簡単に見つけられる。現地通貨が必要なら、とりあえずATMを目指せば事足りるのだ。

クレジットカードではなく、国際キャッシュカードを持っていくのもいいだろう。同じように、海外のＡＴＭから現金が引き出せる。日本の銀行預金から直接引き出せるのは便利だが、申し込みが面倒なのとカード枚数が増えるのが嫌なので、僕自身はクレジットカード派ではあるが……。

変わり種としては、キャッシュパスポートという選択肢もある。トラベレックスが発行しているプリペイドタイプのカードで、これも同じくＡＴＭで現地通貨が引き出せるほか、買い物や食事などの支払いの際にも使える。クレジットカードと違って審査いらずで、国際キャッシュカードのように銀行口座を用意する必要もない。日本円でチャージが可能で、外貨建てにすればその時点での為替レートが反映されるため、為替変動によるリスクを回避しやすく、円高のときに一気に替えればお得だ。外貨建てだと米ドルのほか、ユーロ、英ポンド、豪ドルに対応している。

いずれにしろ、ＡＴＭでのキャッシングなど、カード類を使用する際に気を付けるべき点もある。とくに怖いのはスキミングだ。機械に仕掛けが施されており、カードの磁気記録情報が読み取られて不正な請求をされるという被害をしばしば耳にする。

実は、僕も一度だけ被害に遭ったことがある。オーストラリア旅行でのことだった。帰国後にカード会社から届いた明細を見て、おやっと首を傾《かし》げた。記憶にない項目が記載されていたからだ。金額は1万円程度。カード会社に電話で問い合わせると、不正利用に遭ったことが確認された。全額補償されることになったのは幸いだったが、ひとまず請求額は支払わねばならず、後日全額キャッシュバックされるという、釈然としない思いをさせられたのだ。

念のため補足しておくと、基本的にはATM利用としても、現金もいくらかは持っていったほうがよいのは言うまでもない。いざというときに頼りになるのは現金だ。それも、できれば日本円ではなく米ドルが好ましいだろう。国によっては、現地通貨の代わりに米ドルで支払えることもある。

海外旅行保険はカード付帯保険で

保険についても、最もよく相談を受ける事柄の一つだ。入るべきか否か、そう問われれば、保険ゼロでの海外旅行はオススメしない。

といっても、そのつど保険に入るようなやり方も面倒だ。利用するのは、主にクレジットカードの付帯保険である。一般的にクレジットカードには何らかの保険が付帯しており、ほとんどの場合はそれらカード付帯のもので事足りる。

内容はカードによって異なるが、航空会社と提携したカードでは、保険内容が一般的なものより手厚くなっていたりする。たとえば、僕が使っているＡＮＡ　ＳＦＣゴールドだと、最高補償額は５０００万円に定められている。

カード付帯保険だと、どうしても通常の海外旅行保険よりカバー範囲が狭くなる。救援者費用や航空機遅延費用などは、カード付帯保険だと対応していないものもあるからだ。救援者費用は、旅人自身に何かあった際に、同行者や日本から渡航する家族のために支払われる保険。航空機遅延費用は、読んで字のごとく、飛行機が遅延したせいで生じた滞在費などの損失を補填《ほてん》してくれるもの。賠償責任保険なんてのもあり、たとえば土産物屋で誤って商品を壊してしまい、弁償を求められた際などに使える。

カード付帯ではなく別途保険に入る場合、保険会社によって内容はさまざまなので十分に検討したい。保険会社がオススメするものをパッケージにして販売しているが、割高なので、必要なものを選んでバラ掛けにするほうが賢明だ。必要のない保険にまでお金を支払うのは無駄である。

ちなみに世界一周のような長旅になると、また状況が変わってくる。カード付帯保険は、旅行期間が長くても３カ月と定められているため、それ以上の旅では対応不可能だからだ。

お金を出し惜しみして入るのをためらう人もいるようだが、何かあったときに保険に入っているのといないのとでは、心の持ちようも変わってくる。御守り代わりとしても、できれば入っておきたい。

旅先で不測の事態に陥った際には一定の保険金が支払われることになるが、その際の手順はけっこう煩雑だ。慣れないうちはちんぷんかんぷんだし、慣れても正直言って面倒だ。用意しなければならない書類も多い。

海外旅行保険の中で個人的に入っていてよかったと感じたのは、携行品保険だ。旅先で盗難に遭った際に、ある程度補償される。ただし、保険金を請求するにあたって、第三者による盗難証明の提出が求められる点は要注意だ。現地の警察署へ行って被害届を出し、証明書を発行してもらうのだが、これが非常に厄介である。とくに短期滞在型の旅だと、貴重な時間を取られてしまう。英語圏ではない場所や、警察が腐敗しているような国だと、盗難証明の発行自体が困難なケースも考えられる。

ともあれ、治安があまりよくない場所への旅では、この保険に入っているかどうかは大きい。一眼レフやPCなど、高価な機材を持っていく人にとっては必須だろう。カード付帯の保険でもたいていはカバーされているが、限度額が低かったりするので、持ち物次第では保険単体での加入を検討する価値はある。

旅の荷物は15キロ以内

持ち物の話が出たついでに、旅道具についても書いておこう。旅道具に関してはもはや永遠のテーマであり、語り始めたらキリがないほど奥深い。

僕自身は旅を重ねるにつれ、持ち物がどんどんコンパクトになってきている。最近の標準は、35リットルサイズのキャスター付きソフトケース。リゾートへ行くときなどはハードタイプのスーツケースを持っていくこともあるが、週末海外や1週間程度の旅であれば、たいていはこのサイズで十分だ。

身軽であればあるほど旅の自由度は上がり、より身動きしやすくなる。昔からよく言われることではあるが、これは事実だとしみじみ実感している。

ＬＣＣを利用するにあたっては、荷物をいかに少なくできるかが課題になっているのも大きい。預け入れ荷物が有料であり、その重さによって料金が変わってくる。ＬＣＣにもよるが、最も安いクラスは15キロまでに設定されているのが一般的だ。これが一つの基準と言えるだろう。僕も最近では、ＬＣＣを使わずとも、旅の荷物はひとまず15キロ以内に収めるように努めている。

荷物が小さくなった最大の功労者は、進化したデジタル機器だ。ＰＣやカメラ、携帯などに頼る僕のような旅人にとっては影響が大きい。より小型軽量かつ高性能な製品の登場は、旅の荷物を減らせることを意味する。

たとえば、カメラ。旅先へは一眼レフを持っていくことが多かったが、近頃ではミラーレス一眼と呼ばれる小型機種で済ませてしまうことも増えた。レンズ交換が可能ながらサイズが小さいミラーレス一眼は、とりわけ旅の世界においては革新的な製品だった。ボディ本体もそうだが、レンズが小さくてかさばらないのがありがたい。カメラ自体が軽量なため、三脚などの周辺グッズもそれに合わせて小さくなった。

カメラのような精密機器類は、飛行機に乗る際には基本的に手荷物として機内に持ち込む形になる。重く大きな一眼レフを持っていくときには、壊れるのを覚悟で預け入れ荷物に入れてしまうことも少なからずあった。小型化の恩恵はやはり大きい。

預け入れと機内持ち込み、荷物をどちらに配分するかも悩ましい問題だろうか。

つい忘れがちだが、できれば手荷物として持ち込むほうがいい物がいくつかある。たとえば、コンセントの変換アダプタ。チェックインした後で空港内で携帯電話などを充電したい場合に、変換アダプタがないと困ってしまう。歯磨きセットなども、機内食を食べたあとに使いたいので持ち込みとしたい。女性なら化粧品も必須だろうか。

当然のことだが、機内に持ち込んだ手荷物は、飛行機を降りる際に必ず忘れずに持って出なければならない。僕自身も、免税店で買ったばかりのお土産を座席の上の収納に入れっぱなしで、飛行機から降りてしまったことがある。思い出すに悔しい失敗体験だ。

表8　飛行機での忘れ物ベスト10(スカイスキャナー調べ)

1位	本	18%
2位	携帯電話	9%
3位	雑誌・新聞	8%
	服	8%
	眼鏡・サングラス	8%
6位	ヘッドホン	6%
7位	パスポート・身分証明書	5%
8位	カメラ	3%
	iPad	3%
	食品	3%

機内への忘れ物を調査した興味深いデータを紹介したい。航空券の横断型検索サイト「スカイスキャナー」が発表したもので、最も多い忘れ物は本だという。確かにシートポケットに入れたままにしそうな代物だが、読み終わったので故意に捨て置く人もいるのだろう。

そのほか携帯電話やiPad、ヘッドホンなんてものも忘れられやすいものとして挙がっていて、さもありなんといった感じだ。パスポートなどの忘れ物も5パーセントある点には驚いた。そんな馬鹿なと思いつつも、失敗だらけのマヌケな旅行者としては、ウッカリ忘れないように改めて注意しようと、心に誓うのであった。

ガイドブックは必要か？

これればかりは個人の価値観次第としか言いようがない。個人旅行の場合、頼りになるのは「情報」だ。その意味では、ガイドブックはあったほうが安心ではある。しかしながら、仮になかったとしても、実際には何とでもなったりする。

次章で詳しく触れるが、スマートフォンの普及により旅先でもネットにつながれるようになったため、以前よりもガイドブックの必要性は薄れてきた印象を受ける。知りたいことがあれば、手の中の端末を少しいじるだけで簡単に調べられるからだ。刊行時点での情報から更新されないガイドブックに対し、ネットなら最新状況がリアルタイムで手に入るのも魅力である。

しかしながら、どちらかといえば僕はガイドブック肯定派だ。初めて訪れる土地であれば、基本的には何かしらのガイドブックを持っていく。『地球の歩き方』『るるぶ』などの定番シリーズにも、よくお世話になっている。

ページの隅から隅まで熟読したりはしないし、出発後、いざ現地へ向かう機内で慌てて予習することも多い。持ってはきたもののほとんど開かずに、成り行きまかせで旅して帰国することも茶飯事だ。

それでもガイドブックを購入してしまうのは、持っているだけで心強いことに加え、ガイドブックという商品自体に愛着があるからかもしれない。情報収集というより、もはや趣味に近い。本棚が大量のガイドブックで埋まっているのを見て、自己満足に浸るタイプなのだ。

いまさら書かずとも賢明な旅人なら周知の事実だろうが、ガイドブックに掲載されている情報は、よくも悪くも偏っている。広告主に配慮した提灯記事は珍しくないし、取り上げる店も大人の事情に左右されている感は否めない。

とはいえ、それも仕方のないことだったりもする。ガイドブックの制作には、普通の書籍よりも予算が必要だ。現地を取材して、写真を撮り、原稿を書く。レイアウトは複雑だし、膨大なデータをまとめなければならない。印刷もカラーページが基本となる。だから、ある程度は広告出稿に頼ることになる。都合上、提灯記事を書かなければならないが、刊行できないよりはいいと割り切らざるを得ないのだ。そのぶん、それ以外の制約のないページでスタッフは全力を尽くしている（はず）。

そういった事情を想像すると、ガイドブックの読み方が変わってくる。明らかに広告がらみと思《おぼ》しき紹介はやり過ごし、書かれているテキストを額面通りに受け取らないようにする。たとえば、ホテルの紹介文で「部屋はこぢんまりとまとまっていて機能的」などと書いてあったとする。裏を返せば、これは「部屋は狭い」という意味だ。ネット上のクチコミやレビューに慣れてしまうと、この手のオブラートに包んだ物言いに困惑しがちだが、悪い部分をストレートに「悪い」と書くのは、商業誌ではタブーなのである。

少し話が脱線するが、クチコミの評価の厳しさは日本人特有のものだ。トリップアドバイザーなどグローバルに展開するサイトを見ると、そのことがよく分かる。日本人は「ひどい部屋だった」「まずかった」などと平気でマイナス点をあげつらっているが、英語のクチコミを見ると、そこまで直球で悪口を綴っているケースは珍しい。

どんなにひどいホテルだったとしても、せいぜい「OK Hotel」などの表現に留まっている。「OK Hotel」とは、あまり評価のよくないホテルだと利用者もわかるので、わざわざ貶《おとし》めるような大人げない書き方はしないのだ。

ガイドブックを購入する際に注意すべき点は、最新版かどうかを必ず確認すること。たとえば『地球の歩き方』だと、主要な渡航先のものは毎年更新されている（地域によっては2年に1度程度の更新のものもある）。たいていの場合、書店に並んでいるのは、その時点で

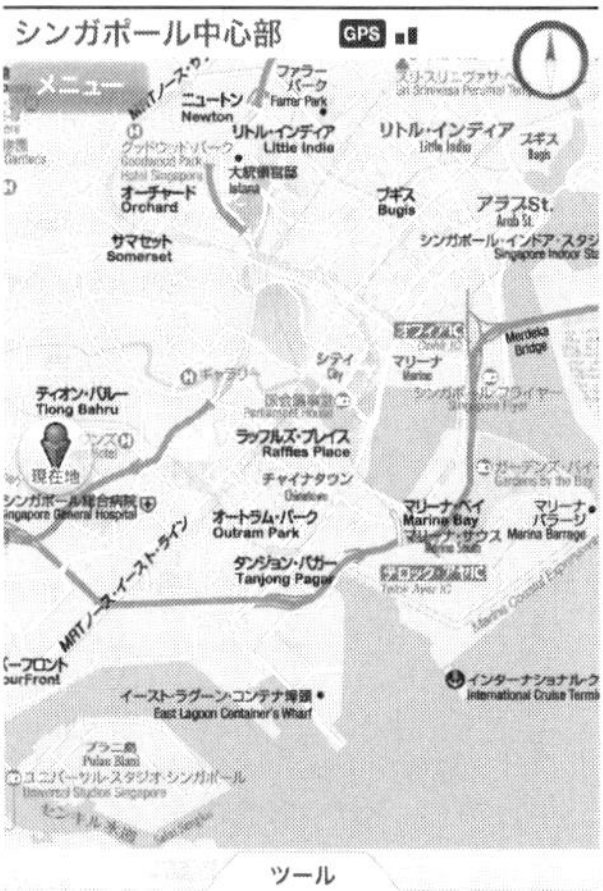

昭文社から新たに刊行された『トラベルデイズ』シリーズは要注目。地図をスマホへダウンロードすると現地でオフラインでも閲覧できるなど、従来のガイドブックにはなかった仕掛けが施されている

の最新版だが、たまに前年度版が紛れていることがあるので、必ず奥付（巻末）に記載された発行日を確認するようにしたい。

なお『地球の歩き方』では、全ラインナップの最新版と各地域の更新予定月が、公式サイト上に一覧になっている。買ってすぐに最新版が出てしまうようなタイミングであれば、新しいものが発売されるのを待って購入したい。

第八章　デジタル最活用のススメ

スマートフォン登場以降の海外旅行

僕が旅を始めたのは、いまからちょうど10年前のことだった。10年も経てばあらゆるものが変化するが、とりわけ旅のスタイルはドラスティックに変わったように感じる。

最大の立役者は、やはりインターネットだ。旅の予約から情報収集、旅人どうしのコミュニケーションまで、ネットがなかった時代からすると旅の形はまったくの別物になったと言っても過言ではない。その賛否を論じることは本書の意義ではないが、僕自身は実際にネットの力に大きく依存する形で旅をしている。

ネット時代以降の旅だけを見ても、ときの移り変わりとともに進化し続けている。とくにスマートフォンの登場により、ここ数年で大きな転機を迎えた。

スマホの何が画期的だったかといえば、やはり、モバイルでのネット接続が身近になった点に尽きるだろう。それまでもPCを使って移動しながらでもネットはできたが、いささか大げさな装備と専門的な知識、それに安くはないコストがネックだった。とりわけ海外でのモバイル通信となると、マニア向けのものであり、素人には手が出しにくい世界だったのだ。

その後、Wi-Fiを完備する宿やカフェなどが世界的に充実してきたことでハードルはだいぶ下がったが、電波を探さなければならないという制約からは完全に脱しきれなかった。この壁を破ったのが、スマホだった。

実は、スマホ登場以降の旅については、2011年に『スマートフォン時代のインテリジェント旅行術』（講談社）という一冊の本にまとめた経緯がある。より詳細な内容はそちらに譲るが、本章では、押さえておきたい基本事項と最新情勢を踏まえた活用法について、ページを割くことにする。

SIMフリースマホで全世界常時接続

日常で使っているスマホを海外へ持っていって、日本と同様にネット通信することも難しくなくなった。そのやり方をおさらいしてみる。

ドコモ、ソフトバンク、ａｕの３社は、すでに海外でのパケット定額サービスを提供している。海外で日本のスマホをそのまま使う場合には、それら定額サービスを利用するのが最も手っ取り早い。

キャリアによって細かい条件の違いはあるものの、上限金額はだいたい１日３０００円程度。定額サービスが始まる前は、青天井でパケット通信料がかかっていたことを考えると、これでも安くなったのだが、滞在日数が長くなると馬鹿にならないコストだ。４日も使えば１万円を超えるし、１週間で２万円以上だ。それだけの金額をかけるなら、いいホテルに泊まったりおいしいものを食べたりして、旅そのものの資金としたほうがいいだろう。

そこで突破口となるのが、ＳＩＭロックフリー端末の活用である。

スマホで通信する場合には、キャリアが発行するＳＩＭカードを挿入しなければならないが、日本で売られている端末は特定のキャリアのＳＩＭカードしか認識できないようにロックされている。要するに、ソフトバンクの端末ならソフトバンクで使うといった具合に、キャリアが制限されるわけだ。

ＳＩＭロックフリー端末というのは、このロックが解除されており、不特定多数のキャリアのＳＩＭカードを自由に利用できるものを指す。この言葉も、以前と比べるとだいぶ知られるようになってきた。ドコモの最近の機種では、３１５０円の手数料を支払えばＳＩＭロックを公式に解除できるようになっている。海外でも活用したいドコモユーザーは、まずはこれを解除することから始めることになる。

人気のiPhoneは日本で買うとロックがかかっているが、海外だとＳＩＭフリーも多い。iPhoneにこだわる旅人の世界では、海外製のＳＩＭフリーiPhoneを入手するのがトレンドだ。

愛用しているSIMフリーiPhoneはバンコクで購入したもの。旅を重ねるにつれ、SIMカードのコレクションも増えてきた

とにかく、ＳＩＭフリーのスマホさえあれば問題は解決する。現地で売られているプリペイドＳＩＭカードを購入し、自分の端末に挿せばいい。ＳＩＭカードは多くの場合、到着した先の空港などで売られている。販売条件は国によりけりで、パスポートの提示を求められることや、外国人は買えないケースもあるが、対照的に自販機で売られているようなゆるい国も増えてきている。

プリペイドＳＩＭカードを使うと何がいいのか。一言で言えば、通信料金が大幅に安く済む。国やキャリアにもよるが、概して安い。１日中好きなだけネットにつないでも１００円程度しかかからない国もあるから、海外定額の１日３０００円なんて支払うのがきっと馬鹿らしくなるはずだ。

世界的にスマホが普及したことで、プリペイドＳＩＭの使い勝手もどんどんよくなっている。面倒な設定なしに、ＳＩＭを挿すだけですぐ利用できることも珍しくないし、そうでなくてもネットで検索すれば簡単に情報が見つかるようになった。最低限の知識は必要だが、慣れてしまえばさほど難しくない。

欲を言えば、いい加減ガイドブックでも各国のＳＩＭ情報をカバーしてほしい。いまだに公衆電話のかけ方などにページが割かれているが、それよりも、その国の携帯電話会社の状況やＳＩＭの入手方法、スマホでのパケット通信の設定などを掲載してくれたほうが、現代の旅人としてはよっぽど役に立つだろう。

スマホを旅で使う面白さ

実際に、旅先でスマホを使うシチュエーションを考えてみよう。具体的な使い道がイメージできれば、その利便性がさらに伝わるに違いない。

といっても、別段難しいことはない。日本で普段使っているのと同じ感覚でウェブを閲覧したり、メールを送受信したり、アプリを活用する。旅先だからこそ威力を発揮するのは、調べ物だろうか。旅行中は知識欲が増すものだ。いままさに観光している遺跡や教会などの見どころについてその場で調べられるから、ガイドがいなくても不便は感じない。

食事や買い物の際にも、最新情報やクチコミを簡単に調べられる。

「あっ、これ、日本で買うより安いような……」

たとえばそんな買い物のシチュエーションでは、スマホで検索すれば日本での販売価格も一発で分かる。日本よりも安く買えるかどうかは気にしだすとキリがないので、正直あまりオススメはしないが、そういった使い方も可能である。

旅向けのアプリも多数リリースされている。アプリについては本章の最後にまとめるが、まず一つだけ挙げるなら、地図アプリはとにかく重宝する。

たいていのスマホはＧＰＳを内蔵しており、目的地を入力すれば、現在地からの距離および ルートに加え、徒歩や車での所要時間の目安まで教えてくれる。ナビゲーション機能はどんどん向上しており、カーナビ顔負けの利便性が実現されつつある。見知らぬ異国の路上で地図とにらめっこする必要もなくなった。

海外でレンタカーを利用する際にも、地図アプリは使える。日本のようにカーナビが付いていることはまれだからだ。車でなくても、バイクや自転車を借りて少し遠出するようなときにも大変助かる。

さらには、コミュニケーションツールとしても活躍する。メールは当然として、ツイッターやフェイスブックなどのソーシャルメディア上に、現地からリアルタイムで情報をアップできるのだ。自分の現在地の情報を共有するチェックイン機能と呼ばれる機能も旅向きだろう。

旅先でもソーシャルメディアを積極的に利用していると、思いがけない副産物も得られる。自分がいまいる場所の名前で検索をかけてみる。何でも構わないが、例として「スワンナプーム空港」と検索してみる。すると、同じようにスワンナプーム空港にいる旅人のツイートが表示されたりする。ブログや通常のウェブサイトとの大きな違いは、リアルタイム性の強さだから、旅をしながら使うとまさに現在進行形で情報が得られたり、誰かとつながることができるのだ。

出会いは旅の醍醐味の一つだ。旅先で偶然知り合った人と仲よくなるのはいまも昔も変わらないが、昔と違うのは、媒介としてネットが存在する点であろう。かくいう僕自身も、ツイッターを介してたまたま同じ街を旅していた人と知り合い、食事をともにした経験が何度もある。日本人ではなく、海外の旅友だちともフェイスブックで簡単に連絡が取れる。ますます世界は狭くなってきた。

Ｗｉ-Ｆｉルーターで手軽に済ます

スマホを海外でも使いたいけれど、海外パケット定額は高すぎるし、ＳＩＭフリー端末を用意するのにも抵抗を感じる。そんな人にオススメしたいのが、Ｗｉ-Ｆｉルーターのレンタルだ。

Ｗｉ-Ｆｉルーターとは、携帯電波を拾ってネット通信するモバイル用ルーターのことで、Ｗｉ-Ｆｉを搭載した端末なら、このルーター経由でネットに接続できるようになる。スマホの３Ｇ接続はオフにしてＷｉ-Ｆｉだけで通信すれば、ＳＩＭフリー端末と同様に海外でも常時接続が可能になる。

スマホ単体でつなぐのがベストではあるが、Ｗｉ-Ｆｉルーターという選択肢も決して悪くはない。とくに近頃はレンタル料が大幅に安くなり、コストパフォーマンスもよくなった。

たとえばグローバルデータ社だと、1日あたり680円から借りられる(VISAゴールドカード以上会員は578円から)。渡航先が複数の国々にわたるとしても、周遊プランが用意されているので、国が変わるたびにSIMカードを手配するより楽だったりもする。

まずはWi-Fiルーターを持っていって、海外でスマホを活用するといかに便利かを体験してみる。そのうえで必要だと感じれば、次回からSIMフリー端末を用意するなど、お試しとしてWi-Fiルーターを利用してみるのもよいだろう。

補足しておくと、Wi-Fiルーターのレンタルサービスは、空港内にも業者がカウンターを出しているが、当日の申し込みだとかなり割高なので、必ず事前にネットなどで予約をしたほうがいい。また韓国のように、現地に着いてから借りられる国もある。韓国は例外的にプリペイドSIMが買いにくい国であり、Wi-Fiルーターをレンタルする方法がよく知られる(最近になってプリペイドSIMの販売も一部で開始された模様)。

手軽にネット接続ができる点でWi-Fiルーターは魅力だが、もちろん弱点もある。最大のネックはバッテリーだろう。常時通信状態でいると、フル充電していても1日と持たない。バッテリーの消耗はスマホのほうがさらに早いので、まだマシではあるが、Wi-Fiルーターとスマホの両端末の電池残量を気にかけなければならないのはスマートさに欠ける。

ついでに書くと、スマホ自体をＷｉ－Ｆｉルーター化することもできる。「テザリング」と呼ばれる機能だ。Android端末なら対応機種は多いし、iPhoneでも「5」から国内版でのテザリングが開放された。スマホのほかにもノートＰＣやタブレットなどを持参するのなら、Ｗｉ－Ｆｉルーターもしくはスマホのテザリング機能で、一つのネット回線を複数の端末で共有できるようになる。

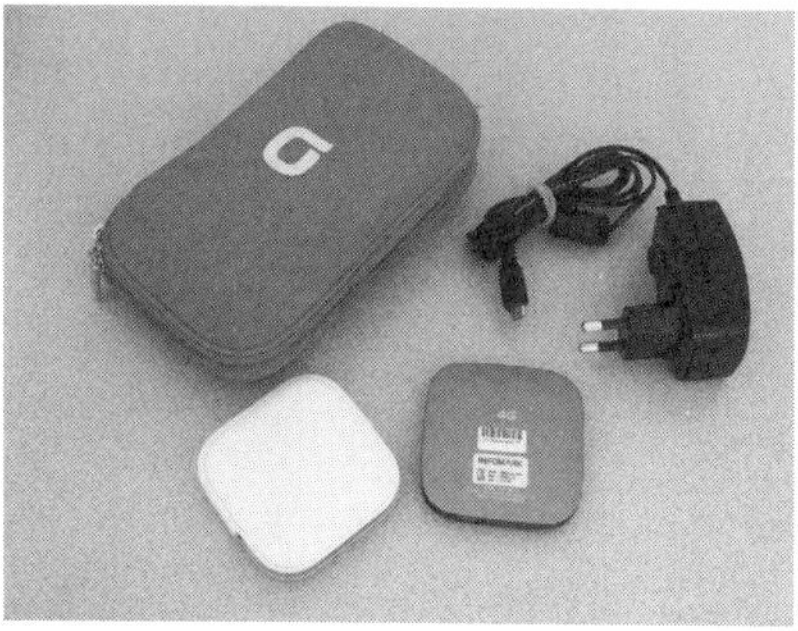

韓国の空港でレンタルしたWi-Fiルーター。ACアダプタなど一式をセットで借りられる

スマホで国際電話も格安に

パケット通信料のほかにも、海外で使うとなると、気になるのは通話料だ。海外ローミングになるため、日本よりも通話料が割高になってしまう。さらに言えば、自分からかけた場合だけでなく、かかってきた電話においても海外通話の割増分を支払わなければならない。日本にいるときの感覚でちょくちょく電話し、帰国後に携帯電話会社から送られてきた請求額を見て青くなった、なんて手痛い経験は僕もしょっちゅうだった。

しかし、この問題もスマホのおかげで解決された。通話用のアプリを利用すればいいのだ。いわゆるインターネット電話になるため、ネットにさえつながっていればどこにいても通話ができてしまう。それも格安、もしくは無料でだ。

通話アプリはさまざまな種類があるが、僕はＮＴＴコミュニケーションズの「050 plus」を使っている。以前はSkypeやViberなども活用していたが、いまではもっぱらこれである。

050 plusのいい点は、電話番号を持てることだろう。固定電話や携帯から普通に電話としてかけてもらえるし、逆に固定電話や携帯にかけることもできる。無料ではないが料金は格安だ。日本で日常的に使っても、携帯からかけるよりもはるかに通話料が安く済むし、海外で使うと劇的にコストを抑えられる。

Skypeにも、有料オプションで固定電話や携帯との通話機能はあるが、申し込みが面倒だったりするし、アプリの使い勝手も電話機能に特化した050 plusのほうが秀でている印象を受ける。

現地に着いてＳＩＭを入れ替えると、その間は日本での携帯番号が使えなくなってしまうのが、海外でＳＩＭフリー端末を使う難点だった。050 plusならば、ＳＩＭが替わっても番号は同じなので、そんな悩みと無縁なのがうれしい。

もちろん、番号を周知しないと誰からも電話はかかってこない。旅行中に携帯へ電話がかかってくる可能性のある仕事相手などがいる場合、僕は出発前に050 plusの番号を伝えておく。「海外にいる間は、恐れ入りますが○○○の番号までおかけください」などとメールしておけばよいだろう。

もしくは、通常の携帯番号にかかってきた電話を一時的に050 plusの番号へ転送する手もある。出発前に専用の番号にかけて設定するだけなので簡単。本音を言えば、旅行中に仕事の電話はあまりしたくはないのだけれど……。

「050 plus」を使えば、海外にいても格安で電話できる

命綱の電源をいかにして確保するか

あると便利なスマホだが、最大の泣きどころはバッテリーだ。スマホに限らず、ＰＣもタブレットもＷｉ－Ｆｉルーターも、とにかくデジタルツールを使うなら充電の問題から逃れられない。デジタル頼みの旅人にとってバッテリー切れは死活問題で、ある意味命綱とさえ言える。

毎晩ホテルで充電するのは当然として、丸1日外を出歩くならどこかのタイミングで充電が必要になってくる。カフェで休憩する際にコンセントを借りるなどは、現実的方法だろう。ただし他力本願の方法なので、確実ではない。コンセントがない店も多いし、充電を断られることもゼロではない。

とはいえ、充電のためだけにわざわざホテルに戻るのも考えものである。

そこで出番となるのが、モバイルバッテリーだ。以前から有名なのは「エネループ」だが、バッテリーの消耗が早いスマホの普及につれ、多種多様な商品が出揃ってきた。商品によって電池容量や充電速度が異なるが、旅先でスマホを活用するならどれか一つは持っておくと安心だろう。ちなみに僕は、２７００mAh のエネループを使っている。倍の容量の商品もあるが、重くてかさばるし、１日に１度スマホをフル充電するくらいなら２７００mAh でも十分だ。

最近のデジタルガジェットの多くは、ＵＳＢ給電に対応している。モバイルバッテリーからの出力はＵＳＢなので、ケーブルを差し替えることで、iPhone や Android など複数の端末で一つのバッテリーを共用できる。

ＡＣアダプタについても、スマホの純正品ではなくＵＳＢの出力が複数付いたものを別途用意しておくと、コンセントが限られる場でも使い勝手がいい。僕自身は４つ口が付いたものを利用している。

注意点としては、出力端子自体が複数あっても、ＡＣアダプタがトータルで出力できる電力には制限があることだ。iPadなどのタブレットでは充電により大きな電力を必要とするため、複数の端末を同時に充電できないこともある。とはいえ、この辺は実際に使ってみないと分からなかったりするが。

スマホやタブレットはグローバルに普及しているため、空港など旅行者が集まる場所では、専用の充電場所が用意されていることも少なくない。

シンガポールのチャンギ空港では、ずいぶん昔から充電スポットが設置されている。コンセントだけでなく、各端末用の充電ケーブルが付いているなど、利用者の利便性への配慮がうれしい。iPhoneのＤｏｃｋコネクタやAndroid端末で多いマイクロＵＳＢだけでなく、携帯ゲーム機のＰＳＰやニンテンドーＤＳ用のケーブルまで用意されており、その親切仕様に感心させられる。

日本国内の空港でも、近頃は充電場所が整備されつつある。最近だと、羽田のＡＮＡラウンジのテーブル上にＱｉ《チー》の充電台が設置されていたのが目を引いた。Ｑｉは充電ケーブルが不要で、置くだけで充電が可能だ。この手の新技術に期待する一方で、それよりもまずスマホのバッテリー持続時間がもう少し長くなれば……と根本的な問題が頭をよぎるのではあるが。

シートモニタの代わりにiPadを

フライト中は映画を観るのを楽しみにしている、という人は多いだろう。いまや全座席にシートモニタが備え付けられていることも珍しくなくなった。オンデマンドで観たい映画を手元のリモコンで選べ、ニュースやゲームなどコンテンツはますます充実してきている。

しかし僕自身は、シートモニタが付いていても利用することはまずない。画面がきれいではないし、観たいものが観られるとは限らないからだ。

そこで活躍するのがiPadだ。iPadが1台あれば、シートモニタでできることはほぼ網羅できる。画面の美しさは比較にならない（とくに3世代目のRetinaディスプレイは圧巻）し、コンテンツも自分で好きなものを選べる。

搭乗前に観たい映画をiPadにダウンロードしておく。作品にもよるが、iTunes StoreだとHD画質の映画が1本500円程度でレンタルできる。映画以外にもゲームや電子書籍など、利用できるコンテンツは日々増加している。いずれにしろ、シートモニタに物足りなさを感じている僕のようなわがままな乗客にとっては、iPadはもはや欠かせないアイテムだ。

シートモニタをやめ、代替としてiPadを活用しようと試みる航空会社も出てきた。サービスの一環として、希望者に有料でiPadを貸与するＬＣＣもすでにある。シートモニタを全廃してiPadに置き換えると、機体が約7パーセントも軽くなるという調査結果も出たという。機体が軽くなればそのぶん燃料効率がよくなるので、結果的に低運賃として客に還元される可能性も出てくるだろう。

短くはない時間を過ごすことになる空の旅、ボーッとしてやり過ごすのももったいない。普段は忙しくてまとまった時間が取れないからこそ、落ち着いて映画を観たり、読書に勤しんだりできるチャンスでもある。単なる時間つぶしではなく、貪欲に有効活用したい。

旅先の読書は電子書籍で

電子書籍については、日本ではいまひとつ普及していない現状がある。その理由は諸説あるが、本書の本題から外れるためここでは触れない。ただ一つ言えるのは、電子書籍の恩恵を最も受けられるシーンの一つに旅行が挙げられるということだ。

旅行中は読書欲がむくむく湧いてくる、という人はきっと少なくないだろう。長い飛行機の移動時間や、ビーチサイドでのリラックスタイムなど、落ち着いて読書に取り組めるチャンスも多い。

ただし、やはり本はかさばる。持っていける量には限りがあるから、涙をのんで厳選することになる。読書好きの旅人にとっては、これがネックだった。

電子書籍だと、物理的なスペースが不要になる。必要なのは iPad のようなタブレットや、キンドルのような電子書籍専用端末だけである。端末によって記録可能容量は異なるものの、電子書籍のデータ容量などタカが知れており、実質的にはほぼ無制限に何冊でも持ち運べる。荷物のことを考えずにいくらでも持って行けるのは、革命的な変化であったのだ。

電子書籍のダウンロード購入の利点としては、日本にいなくても買えることも挙げられるだろう。そう、旅先の海外でも、ふと思い立って本を買うことができるのだ。

これまでは、外国で日本の書籍を手に入れるのは至難の業だった。日本人生活者が多い一部の都市では日本語の新刊書店があったりもするが、定価よりも割高だ。電子書籍の普及が始まり、外国に暮らす日本人からも喜びの声を聞く。さらなるコンテンツの拡充を期待したいところだ。

入れておきたい旅アプリ10選

本章を締めくくるにあたり、僕が海外旅行で活用しているiPhone／Android用アプリをまとめておく。数あるアプリの中でもとくに使用頻度の高い、いわばレギュラーとも呼べるものを10個ピックアップした。日進月歩の世界であるため、今後も末永くレギュラーであるかは不透明だが、２０１２年夏現在での代表を次ページから紹介する。なお、画像はすべてiPhone版だ。

1. FlightTrack
——フライト確認と搭乗履歴

フライト情報を検索・管理できるアプリの決定版。航空券を確保し旅程が固まった時点で、最初にするのがこのアプリへの登録だ。

出発地と到着地、航空会社名、日程を入力し検索すると、該当するフライトが表示される。自分が乗る予定のフライトを保存しておくと、時間や機材などが変更になった場合に一発で分かるのが特徴だ。たとえば、当日空港へ行く前段階で、遅延情報などを把握できたりもする。世界地図上にルートが表示されるのも分かりやすいし、旅気分が盛り上がる。旅行後もログとして残るため、フライトの記録にもなる。

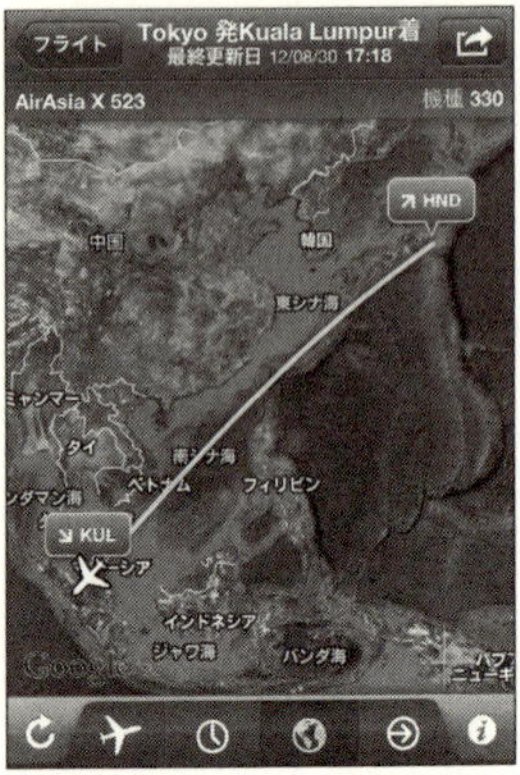

FlightTrack

2. Currency
——日本円だといくらなのかが一発で

海外旅行でいつも頭を悩ますのが、両替レートの問題だ。ドルやユーロのような馴染みのある外貨は別として、初めて行くような国だと通貨価値が分かりにくくて混乱してしまう。そんなときにも、アプリがあれば一件落着。リアルタイムで為替市場のレートが調べられる。

Currency

数字を入力すると、その通貨での金額が、各通貨にするといくらになるかを表示してくれる。調べられる通貨は、世界中のほとんどすべての国のものに対応しており、日本人には馴染みが薄い渡航先であってもカバーしてくれるのがうれしい。

3. Weather +
——3時間単位での天気チェック

旅の満足度を大きく左右するのが、現地での天候状況だろう。とくに屋外での観光となれば、雨が降らないかどうかが最も気にかかる。

天気予報アプリは数あれど、僕が使っているのはこれ。最大のウリは美麗なグラフィックで、天候状況を再現した映像がバックに流れる。今後の天候の変化について、3時間単位で予報が表示されるのもいい。「いまは雨が降っているけど、午後になれば晴れそうだ」、などといったことが分かるのだ。

もちろん、対応している地域の多さも重要で、世界中のわりと辺境の地までカバーしているのもこのアプリを選んだ理由の一つだ。

Weather ＋

4. tripadvisor
——クチコミ情報ならここ

先人たちがウェブに上げてくれたクチコミ情報は、下手なガイドブックよりも参考になる。旅のクチコミなら、グローバルに展開するトリップアドバイザーに軍配が上がるだろう。日本語だけでなく、英語での情報まで網羅されているため、日本人があまり行かないような旅先であっても役に立つ。

ブラウザからアクセスすることも当然できるが、スマホならアプリのほうがサクサク使いやすい。ＧＰＳをもとに現在いる場所の周辺を調べられたり、カメラをかざして空間情報を取得できるＡＲ機能など、スマホならではの仕掛けが用意されている。

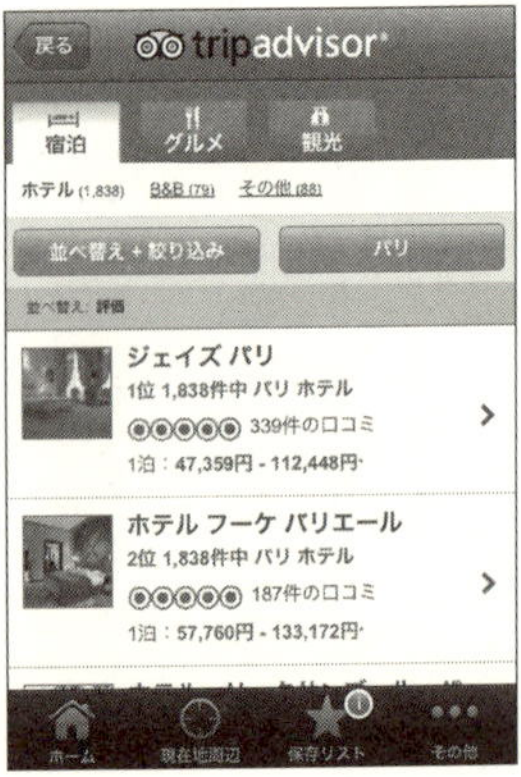

tripadvisor

5. Skyscanner

――航空券予約の新定番

航空券の横断型検索サイトとして第二章でも取り上げた「スカイスキャナー」も、スマホ用のアプリがとてもよくできている。サイト同様、シンプルながら洗練されたインターフェイスで、迷うことなく操作できる。

スマホ用アプリならば、たとえば毎日の通勤電車の中で次の旅のプランを練る、なんてことも気軽にできる。ＬＣＣや海外発、国内線など対応路線が豊富だし、チャートを見ながら最安値の日も素早く探せる。個人旅行者なら必携のアプリだろう。

Skyscanner

6. 世界会話手帳

――言葉の壁を乗り越える

外国語会話のジャンルだと、これだ、というものがなかなか見つからなかったのだが、このアプリは久々に心をくすぐられた。

「空港／飛行機」「宿泊」「レストラン」など旅行のシーン別に使えそうな会話がまとめられて

いて見やすく、何より音声データ付きなのがいい。対応言語は現在のところ13カ国で、英語や中国語などのメジャーな言語だけでなく、タイ語やアラビア語といった幅広い言語までカバーしているのが魅力だ。その手の言語だと文字が読めなかったりするが、日本語のカタカナ読みが併記されているのも助かる。

　これだけの機能を持ったアプリなのに、無料というから太っ腹だ。

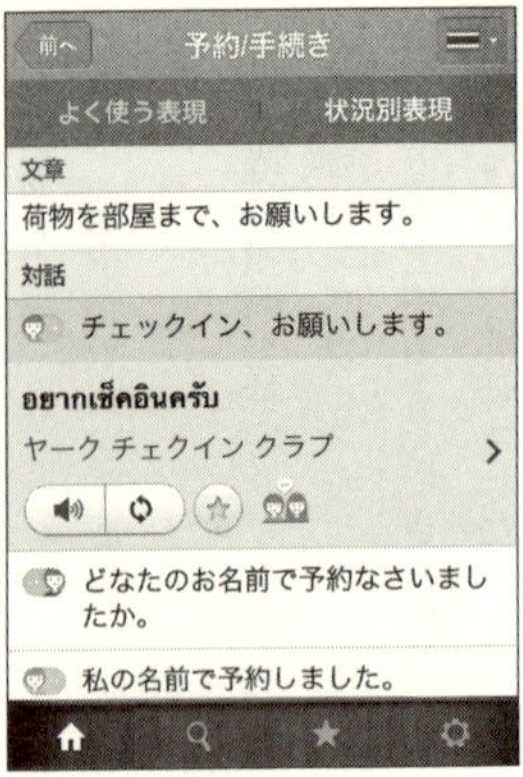

世界会話手帳

---

7. Evernote Food
——旅先で何を食べたか日記

　食事は旅の最大の楽しみの一つ。その土地ならではの名物に舌鼓を打ち、胃袋の観光に満足度を覚える。クラウド型メモサービスとして有名な「Evernote」の公式関連アプリであるこれを使えば、食事内容をそのつど記録していくことができる。どんな店で何を食べたか、味はどうだったかといったメモを、写真とともに保存する。データはEvernoteのサーバー上に自動的に保存されるため、ＰＣやタブレットなどほかの端末と同期できる利便性もうれしい。

　日記を書くほど根気はないが、せめて食べ物だけでも記録したいという、ものぐさな旅人にもうってつけのアプリだ。

旅行以外の日常シーンでも活用できるが、スマホのGPS機能から店の名前を拾ってくれたりと、旅先だとさらに威力を発揮する。

Evernote Food

8. Instagram ——現地からアップするのが気分

大人気の写真専門SNSアプリも、旅で利用するとより気分が盛り上がる。撮ったその場でアップすれば、位置情報を付加できるし、リアルな旅先の空気を色濃く伝える手段にもなる。

インスタグラムを旅で活用する際のコツを一つ紹介すると、その場所の地名をタグとして付

加する手がある。たとえば、ソウルにいるなら「#seoul」「#korea」などと付ける。表記は英語にするのがポイントで、タグを辿って各国のユーザーが見てくれる可能性が高まる。いままさに旅をしている国の人からコメントが付いたりするのはうれしい。

9. 懐中電灯4G（iOSのみ）
——停電の多い途上国でも安心

スマホにはLEDが搭載されている。暗いところで写真を撮るためのフラッシュ代わりなのだが、アプリを使えばこのLEDを常時点灯させ、ライトのようにして使用することも可能になる。同種のアプリは数多いが、目的はLEDを点灯させるだけなので、どれを選んでも大差はないだろう。

行き先にもよるけれど、アジアやアフリカなどの途上国では、日常的に停電が発生したりする。停電しないまでも、夜は街灯が少なく視界がさえぎられることも珍しくない。

そんなときでも、スマホがあれば明かりを灯すことができる。バッテリーの消費量が多いため、常用しにくいのは難点だが。

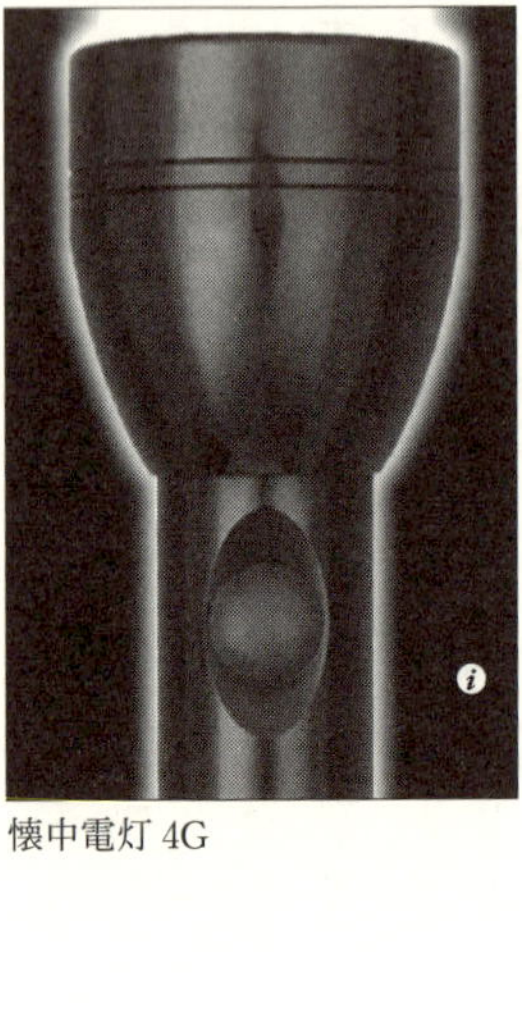
懐中電灯 4G

10. Shazam ——素敵な曲に出合ったなら

最後に、音楽ファンの旅人にとくにオススメしたいのがこのアプリ。

旅先で偶然耳にして気になった曲があったとする。「いい曲だなあ。誰のなんていう曲なんだろう……」そんな疑問もスマホがあれば解決できる。

アプリを起動し、その場で流れている曲を聴かせると、サーバー上の情報から該当する曲があるかを調べてくれるのだ。曲名やアーティスト名だけでなく、ジャケット画像まで表示される。誰の、なんて曲かが分かれば、現地のCDショップなどへ行ってそのCDを探し出せる。お土産に買って帰るのも一興だろう。

Shazam

終章　たとえばこんな新しい旅

2度目、3度目のリピーター旅行

それが悪いことだとは思わないが、スタンプラリー的な旅のスタイルは苦手だ。行ったことのない場所ばかりを常に目的地とする気持ちも、理解できなくはない。見知らぬ土地への憧れが旅の動機になることは、僕もよくある。けれど、訪問国数の多さが何かの勲章になるわけがないし、行きたくもない場所へ行く必要はないだろう。

気に入ったのなら、同じ場所を2度、3度と訪れたっていいはずだ。街の変化に心を動かされたり、前回は気がつかなかった新しい発見に出合えたり。たとえ同じ場所だとしても、旅の内容が毎回同じになることはまずないだろう。

そして2度、3度どころか、訪問回数が2ケタにもなるようなお気に入りの場所が見つかると、旅の心構えも次のステージに移る。初めてではないからこその楽しみ方を知ると、旅の幅が確実に広がる。

たとえば僕の周りでも見かけるのが、ハワイばかり繰り返し訪れる旅人だ。ハワイはリピーター率が最も高い旅先の一つらしい。中にはハワイばかり、というよりハワイにしか行かない強者もいる。それだけ思い入れのある場所を人生の中で見つけられたのは、幸せなことなのだとさえ思う。

これまでも少し触れたが、僕自身はタイのリピーターだ。訪問回数はもはや数えられないが、おそらく50回には満たない程度だろうか。それだけ訪れているからには何か特別な理由があるのだと思われがちだが、実際には深い意図はない。

単に、「好き」なのである。それ以上でも、それ以下でもない。

繰り返し訪れていると、次第に第二の故郷のような愛おしい存在に変わっていく。とくに首都バンコクは、自分の中で異国気分が消失して久しい。通りの名前を聞けばそれがどんなところか想像がつくし、電車の路線もほぼ頭に入っている。ガイドブックや地図なんて持ち歩かないし、東京で暮らすのとさほど違わない感覚で街中を行ったり来たりしている。

旅のようで、旅ではない。居心地がいいけれど、あくまでも地元ではない。リピーター旅には、普通の旅では味わえない魅力が詰まっている。

海外クルーズをカジュアルに楽しむ

クルーズと聞くと、自分には一生縁のない遠い世界の話だと、これまでは漠然と思っていた。しかしいま思えば、単なる食わず嫌いだった。何事もイメージだけで語るのはナンセンスだし、実際に体験してみないと本当のところは分からない。

初めてのクルーズ体験はカリブ海だった。世界最大級の客船「オアシス・オブ・ザ・シーズ」（以下、オアシス）に、僕は夫婦で乗船した。2012年のゴールデンウィークのことである。

そう言うと、いったいどんな大名旅行なんだろうと、冷ややかな目で見られそうだし、以前の僕なら同様のことを思っただろうが、それは誤解である。

7泊8日のカリブ海クルーズ、その代金をご存じだろうか。相場を知らない人は、金額を聞いてだいたい驚く。最も安い部屋は749ドルである。

宿泊費だけと考えてもかなりお得だが、特筆すべきは食事代も込みである点だ。3食付きで、夕食はメインダイニングでのフルコースディナー。朝食や昼食も、レストランが複数軒用意されており、随意に好きなところで無料で食べられる。

また、船内で催される各種イベントやショーなどの代金も含まれる。大きなシアターでブロードウェイのミュージカルなどが上演され、それらもすべてタダで観られるのだ。クルーズの世界では常識らしいが、あまりの大盤振る舞いに、こんなので元を取れるのだろうかと余計な心配をしたくなるほどだった。

そして、これこそ船旅の楽しみと言えるのが、寄港地への立ち寄りだ。オアシスでは、カリブ海の島々を巡る。西ルートと東ルートの2種類があって、僕たちが乗った西ルートでは、フロリダを出発し、ハイチ、ジャマイカ、メキシコの3カ所へ立ち寄った。カリブ海エリアは、空路だと非常に高くつく。同じルートを仮に飛行機で周遊すると、いったいいくらかかるのだろう……と恐ろしくなるところだが、クルーズならそんな心配も不要というわけだ。

オアシスは世界最大級を謳うだけあって、とてつもなく巨大な船だった。乗客定員5400、乗組員数2384人が一つの船の中で同じ時間を過ごすことになる。船内には飲食店のほか、ショップやカジノ、映画館、アイススケートリンク、クラブ（ディスコ）など、何でも揃っている。最上階には大きなプールがあって、中央階にはその名もセントラルパークと

世界最大級の客船「オアシス・オブ・ザ・シーズ」。内部もかなり広大で、歩き回るだけでちょっとした運動に

いう公園まで設《しつら》えられてる。まるで一つの街が海の上を大移動しているようで、そのスケールの大きさに息をのんだ。

その一方で料金自体は手頃であるから、乗客たちを見てもあまり気取った感じはない。見るからに学生らしい若者たちが短パン&サンダル姿で闊歩《かっぽ》していたり、家族連れの姿も多数目につく。背伸びして場違いなほどに着飾っているのは一部の日本人乗客ぐらいで、いわゆる「豪華客船」を想像して乗り込むと肩すかしを食う。

もちろん、客室にも種類があり、部屋のランクによって細かく料金が変わってくる。７４９ドルは最も安い部屋で、そのクラスだと窓はない。僕たちは、少し追加料金を払ってバルコニー付きの部屋を選んだが、それでも９９９ドルであった。日本円にしたら約８万円である。コストパフォーマンスのよさは言わずもがなだ。

ほかの船はどうだろうか。たとえばヨーロッパでも、船旅は身近なものになっている。２

012年初めに、イタリアの「コスタ・コンコルディア」が座礁する事故が起き、世界を騒然とさせたのも記憶に新しいが、あの船も7泊8日で700ドル台から乗れるようなカジュアルな船だった。テレビのワイドショー番組で事故について連日報道されていたが、事故そのものへの反応だけでなく、「豪華客船とはいえ案外安いんですね」などとコメンテーターが語っていたほどだ。

これはクルーズ業界の関係者から聞いた受け売りだが、日本で客船といえば世界一周で有名な「飛鳥」などを思い浮かべがちで、そのため日本人はクルーズに対して誤解をしているという。船にもよりけりなので一概には言えないが、必ずしもクルーズ＝豪華客船ではないし、どちらかといえば気軽な旅だったりするのだ。

カリブ海やヨーロッパまで行かずとも、日本を発着するカジュアルな客船も注目を浴びつつある。HISグループのHTBクルーズ社が運航を始めた長崎―上海の客船などは、最安値9800円からという破格な値段が話題になった（最安値運賃だと、内容はクルーズというより移動といった趣だが）。成田や関空ではなく横浜や神戸の港から海路で外国へ行くのも、また新鮮な驚きがありそうだ。

一石二鳥？　世界のマラソン大会を巡る

旅とマラソン――まったく異なる2つの趣味だが、実はこれほど両立しやすい組み合わせもないのではないかと思う。

世界的に見てもマラソン熱は盛り上がりを見せている。小規模なものから、大きな国際大会まで、世界のあちこちで毎週末のようにマラソン大会が開催されている。ならば旅のついでに海外へ走りに行こう、なんてのも旅の一つのスタイルと言えるのではないだろうか。マラソンのついでに旅をするという逆の発想でもよいだろう。

かくいう僕自身も、遅ればせながら旅ランナーデビューを果たし、直近では2012年6月にプーケット国際マラソンに出走したばかりだ。異国の地を走る魅力を、ひしひしと実感し始めている。

海外のマラソン大会も、インターネットのおかげで簡単に申し込めるようになった。基本は英語だが、サイト上から必要事項を送信するだけなので難しくはない。参加費はクレジットカードのほか、大会前日や当日に、会場で直接現金で支払えたりもする。いつどこで、どんな大会が開かれるかも、ネットで調べれば一発だ。定番の「RUNNET」をはじめとしたランナー向けポータルサイトでも、国内だけでなく海外の大会情報も掲載されているので、英語が苦手ならそれらが参考になる。

外国でのマラソン大会がいいのは、見知らぬ土地を走る行為自体が観光になる点だ。列車やバスの車窓から眺めるのとは違い、自らの足で景色を追いかける。流れはゆるやかだ。日本にはない木々が生い茂るさまにハッとさせられ、交通標識に書かれた外国語に異国情緒を覚える。沿道では、言葉も通じない地元の人たちがエールを送ってくれている。ただでさえ非現実な旅が、さらに夢見心地のものになる。観光地を巡るだけの旅では得られない、かけがえのない体験ができること請け合いである。

プーケットのマラソン大会での１コマ。走りながら撮ったので写真がぶれてしまったけれど……

よりダイレクトに異文化に触れられるのも、海外マラソンの利点だろう。

プーケットマラソンでは、コース途中の給水所でバナナが山盛りになっていて、南国らしさに頬がゆるんだ。走り終わったあとにはタイ料理が振る舞われ、タイマッサージのブースまでが出店されていて、疲れきった身体を揉んでもらった。それらすべてが無料と、至れり尽くせりである。
走り終わって部屋でシャワーを浴びたあと、デッキチェアに寝転がってビールで祝杯を挙げるのも至福のときだった。プーケットのようなリゾートだと、アフターランもめいっぱい楽しめる。
この手の趣味は、概してエスカレートしやすい。次はどの大会を狙おうか、暇を見つけてはネットでリサーチを行っている。目標が定まれば日々のジョギングにも力が入り、仕事や日常にもメリハリができる。いいことづくめなのである。

旅をしながら仕事する「ノマドワーキング」

ネットワークインフラの充実や、デジタル機器の性能向上は、娯楽としての旅以外の局面でも変化をもたらしている。
ノマド――そんな言葉が近頃メディアを賑わすようになった。
元々の nomad という英語は「遊牧民」という意味だが、転じて1カ所に定住せずに生きていく新しいライフスタイルを表す言葉としてしばしば用いられる。現代の遊牧民というニュアンスだ。

横文字の新語は、トレンドを常に追い求めるメディアにとって都合のよいキーワードに映ったのかもしれない。拡大解釈され、言葉が一人歩きを始めてしまった印象さえ受ける。ネット界隈では、賛否を巡って論争まで起きた。色々な見方があるのだろうが、ノマドに関しては、生き方の問題とは切り離して考えるとその具体像が見えてくる気がする。

実は僕自身、主に仕事に関してだが、もうだいぶ前からノマドを実践している。必要に迫られてノマド的な働き方、いわゆるノマドワーキングをせざるを得なくなった。

すなわち、旅をしながら仕事をするというスタイルだ。世界中どこへ行っても、ネットにさえ接続できれば、それなりに仕事ができるようになったのは事実だ。ノートPCやスマートフォンなどの便利なツールも揃っている。であれば、仕事術の一つとしてノマドワーキングを有効なものと捉えても不自然ではないはずだ。

たとえば本書のこの原稿。実にいろいろな場所で書き進めてきた。カフェや空港ラウンジ、飛行機の機内、旅先のホテルの部屋など。テーマが旅のことだから、旅をしながら書くのは気分的にも盛り上がるし、結果的にポジティブな作用をもたらしている実感はある。

もちろん本来は、仕事は仕事、旅は旅と割り切ったほうがベストであろうことも分かっている。旅の最中にも仕事を抱えざるを得ないのは、ただ単に普段の仕事の能率がよくないことのしわ寄せだったりもする。

そのうえであえて肯定させてもらうのだが、実際にやってみるとノマドワーキングも悪くないと感じている。アリかナシかで言えば、全然アリなのだ。

あくまでも手段であって、それ自体が目的ではない。僕自身のスタンスはシンプルだ。便利なものがあるなら、利用すればいい。是非はともかく、旅の形として「仕事をしながら」というのも、一つの新しいスタイルなのではないかと思う。

いまこそ国内を旅しよう

海外を旅すればするほど、日本に対する興味が湧いてくるのは不思議だ。異文化に触れることで、日本のよい面や悪い面が見えてくるのだ。ときには、いかに自分の国について無知なのかを思い知らされたりもする。せっせと外国へ足を運ぶだけでなく、日本をもう少しじっくり旅してみるのは意味のあることだと思う。

国内を旅する際に最重要なキーワードは「季節」だ。年間を通して同じような旅にはならないところが、日本の旅の醍醐味である。

まず、春。いよいよ咲き始めた可憐な花の姿を見るにつれ、1年の始まりを実感させられる。少々フライング気味だが、僕が住む東京ではまだコートが必須の極寒の2月頃から、一足早い春を追い求めて出発する。行き先は房総半島や伊豆半島が定番で、菜の花が咲き乱れる海岸線をドライブするのが王道コース。首都圏からは少し遠いが、愛知県の知多半島まで足を延ばしたこともある。いずれにしろ、温暖な場所を目指すのは春が待ちきれないせいだ。

コートを脱ぎ、花粉がちらほら飛び始める段になって、いよいよ東京も本格的な春の訪れを迎える。待ち遠しいのは、やはり桜の開花だ。だいたい3月下旬から4月上旬にかけて、大々的に花見を開催するのが恒例行事となっている。世界各地で知り合った旅人仲間たちを集め、代々木公園にシートを敷く。この花見のためだけに毎年上京してくれる地方在住の友人もいる。「今年も1年よろしく!」といった感じの挨拶を兼ねた、いわば旅始めの会でもある。

そんな花見疲れもあり、眠気を誘われる気だるい時期が続く中、週末は関東近郊の花の名所を日帰りで巡る。桜以外にも、この時期には次々と植物が開花するため、植物好きにはたまらない季節でもある。

ゴールデンウィークにどこか海外を旅し、帰国すると、間もなく梅雨が始まる。あまり好きな季節ではない。旅は運に大きく左右されることになる。こまめに天気予報をチェックし、雨の降らない週末に狙いを定めて果敢に出かける。この時期には、新緑がきれいな山方面へ向かうことが多い。多少雨が降ったとしても、たとえば紫陽花《あじさい》を見に出かけるなど、雨によって興がそそられるスポットを探す。

7月に入り、梅雨明けと同時に日本の旅はハイシーズンに突入する。例年、夏はあまり海外へは行かない。日本で遊ぶほうが楽しいからだ。ついでに言うと、夏は極力仕事を抑え気味にする。働く時間も惜しむほどに、短い真夏の盛りを堪能したい。

海にも山にも、節操なく足を運ぶ。ホテルや旅館には泊まらず、基本はキャンプである。年を重ねるにつれ、キャンプ道具やノウハウも充実してきた。行き先は近場に限らず、大がかりな道具を持ってわざわざ飛行機に乗って遠方までキャンプをしに行ったりもする。とりわけどこか1カ所は、日本の離島でキャンプをするのが毎年の恒例行事となっている。これまで五島列島、対馬、隠岐、佐渡島、八丈島、大島などを訪れた。春が花旅なら、夏は島旅なのが我が家の一つの方針でもある。

また、伝統的な祭りや野外での音楽フェスなどが目白押しなのも、夏の楽しみだ。泊まりがけで出かけられるほど時間がない週末などは、浴衣を着て花火大会へ繰り出したりもする。東京の花火大会は混雑しすぎていてうんざりするが、近場の県まで少し足を延ばすだけで、風情のある花火大会を落ち着いて楽しむことができる。

やがて虫の音が鳴り止み始め、愛おしい夏が遠ざかっていく。狂騒的な時間は徐々にフェードアウトし、落ち着いた日常が再開する。読書の秋などと言われるが、出版の仕事をしているせいか、秋は心なしか毎年忙しなくもある。

エネルギーを使い果たしたのは自然界も同様で、豊かな緑が次第に色あせていく。時間に追われて摩耗した心を癒やしてくれるのは、そんな装いを変えた自然の姿だったりする。

日本の夏祭りであえて一つ挙げるなら、岐阜県の「郡上おどり」を熱烈にプッシュ！　郡上八幡は、街自体がたまらなく愛おしい

週末は紅葉ハンティングにいそしむ。紅葉は、日本らしい自然の美しさを最も強烈に体現しているような気がする。春とは逆に、秋は北国から順繰りに始まっていくから、待ちきれずに北へ足を伸ばす。中でも東北地方には、紅葉の名所が数え切れないほどある。インターネットで紅葉度合いをチェックし、渋滞に揉まれながら、赤や黄に染まった山へと分け入っていく。

都内の街路樹の周りが落ち葉で埋め尽くされてくる

と、今年もついに終わりであることを悟り、はかない気持ちになってくる。師走である。日に日に気温は下がり、着るものの厚みが増していく。夜の繁華街がイルミネーションに彩られ、どこへ行ってもクリスマスソングが耳をかすめるようになる。寒い中出かけるのはさすがに億劫だが、空気が澄みきったこの時期ならではの美景も捨てがたく、もこもこになりながらあえて雪国を目指したりもする。

冬といえば温泉だ。スキーやスノーボードといったウインタースポーツには縁がないが、温泉目当てで雪山にも果敢にチャレンジする。漂う湯煙の中で冷えきった身体が芯まで温まる瞬間には、日本人に生まれてよかったとしみじみ痛感する。

ざっと駆け足で追ってみたが、そうして年が明け、次の1年が始まる——。

海外を旅するのと近い目線で日本国内を旅してみる。すると、怠惰な日常の中では気にも留めていなかった、我が国の魅力に改めて気がつく。それは四季折々の自然美だったり、地方色豊かな食文化だったり、歴史あふれる郷土の伝統だったり。感じ方は人それぞれだろうが、少なくとも僕にとっては発見の連続だ。旅を通じて日本と向き合うのは、至福のときなのだ。

日本の美しさに気づかせてくれたのは、僕の場合、海外旅行であった。別に小ぎれいにまとめたいわけではないが、そう書いて、本書の長い旅のオチとしたい。

おわりに

これまで僕が書いてきた旅の単行本では、1冊ごとに何か特定のテーマに特化してきた。一方、今回は幅広く旅全般について扱った。全10章から成る本書だが、各章の主題は、それら単体で1冊の本にもなり得る題材と言える。航空券予約をはじめとする旅の各種攻略法、週末海外、世界一周、マイレージ、スマートフォン——。雑多ながら、多岐にわたって取り上げたのが本書の特徴だ。言うなれば、「全部入り」である。

あれもこれもと欲張った結果なのだが、そのせいでまとめるのにいささか苦労した。書きたいことが多すぎるのだ。実は、最初に脱稿した時点で大幅にページ数をオーバーしており、泣く泣く削った経緯がある。情報量は極力減らさない方針で臨んだつもりだが、言葉足らずな部分があったらご容赦いただきたい。

私事で恐縮だが、近頃はエッセイや旅行記の執筆が続いていて、実用寄りの原稿を書いたのは久しぶりの気がする。それらの本でも、ときにはお役立ち情報を織り交ぜたりするのだが、本書のように全編を通して実用に徹したのは、もしかしたら初めての試みかもしれない。さらに言えば、新書としては本書が処女作になる。

旅以外では、読書が自分にとって最大の生き甲斐で、活字を読み進める日々に幸せを感じるタイプなのだが、とりわけ新書に関しては強い思い入れがあった。ほかの媒体にはない新書ならではの特性に、大きな可能性を感じるのだ。

数ある新書レーベルの中でも、一読者としてとくに親しみ深い光文社新書から今回こうして刊行できたのには、感慨深いものがある。担当編集者である三野知里さんに、心より感謝します。企画の打診をいただいてから、1年以上もお待たせする形になってしまったことに心苦しさを覚えつつ……。

本書でも繰り返し書いてきたように、旅のスタイルやトレンドは時代とともに移り変わっている。いつまでも同じやり方が通用するとは限らないが、とりあえず現時点での総まとめとして、旅を愛する方々のお役に少しでも立てればと願う。

２０１２年10月18日　秋雨の中、旅の空に想い焦がれながら

吉田友和

吉田友和（よしだともかず）
1976年千葉県生まれ。出版社勤務を経て、2002年、初海外旅行にして夫婦で世界一周旅行を敢行。旅の過程を一冊にまとめた『世界一周デート』で、2005年に旅行作家としてデビュー。働きながら上手に旅をする「週末海外」というライフスタイルを提唱。国内外を旅しながら、執筆活動を続けている。その他、『スマートフォン時代のインテリジェント旅行術』（講談社）、『自分を探さない旅』（平凡社）、『LCCで行く！アジア新自由旅行』（幻冬舎）など著書多数。

3日《みっか》もあれば海外旅行《かいがいりょこう》

2012年11月20日初版1刷発行
2013年6月25日　　7刷発行

著　者――吉田友和
発行者――丸山弘順
装　幀――アラン・チャン
印刷所――萩原印刷
製本所――ナショナル製本
発行所――株式会社光文社
東京都文京区音羽1-16-6(〒112-8011)
http://www.kobunsha.com/
電　話――編集部03(5395)8289　書籍販売部03(5395)8113
業務部03(5395)8125
メール――sinsyo@kobunsha.com

 ISBN 978-4-334-03717-8

600
現場力の教科書
遠藤功

早稲田で人気№1授業の書籍化第2弾。あらゆる経営戦略にはそれを実行する「現場力」が不可欠。全18回の講義では様々な企業の現場を取り上げ、「現場力」の本質に迫る！

978-4-334-03703-1

601
もうダマされないための経済学講義
若田部昌澄

トンデモ経済学にはもうダマされない！　気鋭の経済学者が、歴史と絡めて経済学の基本を解説。「難しい」「わからない」という人のために「見えざる手」を見える化する。

978-4-334-03704-8

602
ヤクザ式　一瞬で「スゴい！」と思わせる人望術
向谷匡史

ビジネスの成功に不可欠な〝人望力〟を身につける一番の方法は、〝人たらし〟のプロ＝ヤクザに学ぶことだ！　長年ヤクザを取材してきた著者が、最強のノウハウを伝授。

978-4-334-03705-5

603
「ゼロリスク社会」の罠
「怖い」が判断を狂わせる
佐藤健太郎

化学物質、発がん物質、放射性物質……何が、どれくらいあるとどれだけ危険なのか。この時代を乗り切ってゆくために必要な〝リスクを見極める技術〟を気鋭の科学ライターが伝える。

978-4-334-03706-2

604
「ネットの自由」vs.著作権
TPPは、終わりの始まりなのか
福井健策

「情報と知財のルール」を作るのは誰か。その最適バランスとは？　これからの10年、論争の核となるアジェンダを第一人者が解説。〈巻末にTPP知財リーク文書抄訳を公開〉

978-4-334-03707-9

605
やせる！
勝間和代
「やせる！」とは、生活習慣病にかからず、健康で長生きできる体をつくること！「なかなかやせられなかった」著者の実体験をもとに、日々の生活に役立つ具体的方法を綴る。
978-4-334-03708-6

606
飯田のミクロ
新しい経済学の教科書①
飯田泰之
経済学の基本的な思考法を身につけたいならミクロから始めるべし！複雑な数式は不使用。「難しそうだけど気になる」「教養として学んでおきたい」人にピッタリの新しい入門書。
978-4-334-03709-3

607
野比家の借金
人生に失敗しないお金の考え方
坂口孝則
住宅購入、保険加入、結婚、子どもの教育、転職・独立。人生でぶつかるお金の大問題をどう解決すべきか？「決断」を導くための考え方を、国民的人気マンガを用いてやさしく解説する。
978-4-334-03710-9

608
元素周期表で世界はすべて読み解ける
宇宙、地球、人体の成り立ち
吉田たかよし
元素の化学進化、摂り込む栄養を間違う身体のメカニズム、不安定な電子が起こす化学反応など、元素周期表というアプローチから自然科学の面白さを知る、入門の一冊！
978-4-334-03711-9

609
構図がわかれば絵画がわかる
布施英利
美術史や文化の知識がないと芸術は読み解けない？それは大まちがい。芸術には、構図という共通言語があるのだ。一流画家の構図のセンスから、美が生まれる秘密を解き明かす。
978-4-334-03712-3

610
日本型「無私」の経営力
震災復興に挑む七つの現場
グロービス経営大学院　田久保善彦

3・11の大震災後、多くの日本企業が利益を度外視した支援活動を行い称賛を浴びた。本書は計7社を取り上げ、積極的な活動を可能にした土壌に迫る、勇気づけられる一冊。

978-4-334-03713-0

611
監督・選手が変わってもなぜ強い？
北海道日本ハムファイターズのチーム戦略
藤井純一

ファイターズ前球団社長が、「ベースボール・オペレーション・システム（BOS）」のことも含め、その強さと健全経営の秘密を細かに解説。現場発、最強のスポーツビジネス論。

978-4-334-03714-7

612
歴史から考える
日本の危機管理は、ここが甘い
「まさか」というシナリオ
上念司

尖閣、反日、デフレ……。そこに流れる陰謀のフレームワークと「背後の物語」を読め！「想定外」を連発することから卒業し、リアルで生々しい本当の危機管理に目覚めるには？

978-4-334-03715-4

613
一生食いっぱぐれないための
エンジニアの仕事術
椎木一夫

エンジニアは発明家であり、思索家であり、最高責任者である。これほどやりがいのある仕事はない——先輩エンジニアが次世代に贈る、プロとして生きていくためのヒント。

978-4-334-03716-1

614
3日もあれば海外旅行
吉田友和

LCC就航やスマートフォンの浸透により、旅のスタイルは大きく変化した。休みがとりづらくても、工夫次第で旅は面白くなる。忙しくても、「短く」「何度も」旅に出よう！

978-4-334-03717-8